COMO SE COMUNICAN LOS ANIMALES

BIBLIOTECA CIENTIFICA SALVAT

HERIBERT SCHMID

COMO SE COMUNICAN LOS ANIMALES

SALVAT

Versión española del volumen siete *Wie Tiere sich verständigen* de la colección original alemana *Dynamische Biologie*, publicado por Otto Maier Verlag, Ravensburg.

Traducción: DIORKI, traductores

ISBN 3-473-35577-1 Edición original
ISBN 84-345-8246-5 Obra completa
ISBN 84-345-8401-8
Depósito Legal NA-246-1986
Publicado por Salvat Editores, S. A., Mallorca, 41-49 - Barcelona
Impreso por Gráficas Estella. Estella (Navarra)
Printed in Spain

Índice de capítulos

1. Si los animales pudieran hablar 1
Ante el dilema 1
Sacha y Príncipe 3
¿Por dónde empezar? 7

2. Los investigadores descifran el lenguaje de los animales 9
A la búsqueda del organismo elemental . . 9
Animales pequeños con gran sentido familiar . 15
Un "tigre venenoso" con glándula olorosa . 24
Una pequeña pausa para reflexionar . . . 32
La importancia del tono exacto 34
Grillos con sismógrafo 38
Peces con intermitente incorporado . . . 40

3. Los sentidos informan, los nervios transmiten . 45
La electrónica en el laboratorio 45
Los primeros ensayos 49
Así se excita un nervio 52
Observaciones aclaratorias 57
Conducción de la excitación 58
Transmisión de los impulsos 65
Las células sensoriales como receptoras de estímulos 71
Codificación de la información 73

4. Todo depende del olor correcto 77
Información falsa para engañar a la competencia 77

Engañado por una lombriz 80
Los coleópteros entienden también el lenguaje químico 82
Trucos para combatir las plagas 85
Las moscas de las frutas no se aparean con sus hermanos 87
Los gusanos acuden puntualmente a la cita . 90
Arrumacos gatunos 93
Rastros olorosos por doquier 97
Las moléculas juegan a los rompecabezas . 100

5. **Su lenguaje es la danza** 111
En el interior de la colmena 111
La danza de las abejas 114
La brújula solar de las abejas 116
La colmena: una vivienda totalmente acondicionada 119
División del trabajo 124
En busca de una nueva residencia 128
Acuerdo por mayoría 134
Balance intermedio 136
Obreras con perfumador incorporado . . . 138
Un regalo real: perfume para el pueblo . . 139
Un buen olfato asegura la supervivencia . . 144
Con escuadra y plomada 148
Campeonas de la estimación de ángulos . . 153
El enigma de las células grises 162

6. **Se conocen personalmente** 167
"Ki-ki-ri-kí", ya estoy aquí 168
Y llegamos a los lobos 172
Con las cebras del cráter del Ngorongoro . . 180
Sara: "pelota no ser chocolate" 184
Balan, gruñen, chillan, trinan, silban, ladran y gimen 188
No hay vida sin comunicación 195

COMO SE COMUNICAN LOS ANIMALES

1. Si los animales pudieran hablar

En mis manos tengo una bola peluda de color blanco y negro. Unas alumnas la han encontrado junto a la orilla del río que cruza la pradera, húmeda todavía por la lluvia, y conmovidas por los lastimosos quejidos que emitía decidieron traerla a la escuela. Se trata de un gatito de pocos días de edad que evidentemente ha sido abandonado por su madre o por un ser humano. El animalito, aterido de frío, parece también muy débil y probablemente está enfermo, pues los ojos, que tiene todavía cerrados, supuran pus. Las alumnas me piden permiso para cuidarlo, lo que me pone en un serio compromiso.

ANTE EL DILEMA

Como biólogo me parece que el indefenso animal apenas tiene posibilidades de sobrevivir, sobre todo sin los cuidados de su madre. ¿No sería preferible devolverlo de nuevo al lugar donde fue encontrado y abandonarlo a su destino? Acabar rápidamente con su vida sería quizá la solución más compasiva. Presumiblemente, nuestros esfuerzos por salvarle sólo sirvan para prolongar su agonía. Sin embargo, como ser humano me siento embargado por la compasión y al igual que les sucede a mis alumnas, me gustaría hacer algo por ayudarle.

¿Seremos capaces de sustituir plenamente a su madre? De hecho, desde el momento en que las chicas trajeron al albergue a la indefensa criatura, la marcha natural de los acontecimientos había quedado interrumpida. Por otra parte podría ser un magnífico ejercicio de biología práctica; mis alumnas aprenderían así muchas cosas interesantes sobre los animales. Sin pensarlo más, decido que el gato puede quedarse en la escuela.

Al cabo de pocos días, los infatigables cuidados de las niñas han obrado un pequeño milagro: el gatito parece ya otro animal. Tan pronto como se despierta, abre los ojos para explorar el mundo que le rodea, y cuando tiene hambre, maúlla reclamando alimento. Con ayuda de un biberón le damos leche caliente. Una vez satisfecho, se acomoda en la "cuna" que le hemos preparado con virutas y trapos y en seguida se queda profundamente dormido.

Durante el viaje de regreso a la ciudad, las niñas se pelean por quedarse con el gato; todas quieren llevárselo a su casa. Una vez en el lugar de destino, los padres no se muestran demasiado entusiasmados con la idea de hacerse cargo del animal.

Al final decidimos que yo me lo llevaría "provisionalmente" a mi casa. Como era de suponer, la provisionalidad se ha convertido en un estado permanente y hoy día, "Sacha", como bautizamos al gato, es, junto con un perro, varias tortugas y diversos insectos, un miembro más de mi familia zoológica. Su desarrollo es completamente normal y día tras día nos hace una exhibición de las artes y habilidades características de un gato joven. Su conducta no parece diferenciarse mucho de la de los restantes miembros de su especie. Solamente cuando se le observa con detenimiento se da uno cuenta de que se muestra más confiado e incluso "irrespetuoso" frente a los seres humanos de lo que suele ser habitual entre los gatos. ¿Será debido a las especiales circunstancias en las que ha crecido? No debemos olvidar que Sacha se ha desarrollado sin tener contacto con su madre, con sus hermanos o con otros gatos, es decir, no ha tenido oportunidad de aprender hábitos "gatunos". Por tanto, su comportamiento sólo puede estar determinado por rasgos "innatos" y "aprendidos de los hombres". Esto es lo que le convierte en un gato especial, diferente, en una especie de Kaspar Hauser* del reino animal.

A mí no me molesta en absoluto que Sacha no sienta recelo ni miedo ante los seres humanos. Desde hace años estudio la conducta de los animales, y me interesa especialmente cómo logran entenderse entre sí, si es que lo hacen de alguna manera. Quizá Sacha me ayude en mis investigaciones. Dado que hasta ahora jamás ha estado en contacto con otros gatos y animales, los seres humanos son los únicos "interlocutores" con los que puede "dialogar" o ante los que puede "exponer" sus deseos. ¿Puede realmente un gato comunicarse con el hombre? ¿Cómo se lleva a cabo esta comunicación? ¿Exclusivamente al modo gatuno? ¿Son capaces los gatos de aprender, o al menos de aprender a comprender, las formas de comunicación humanas? ¿Cómo se comportará Sacha cuando se encuentre con otro gato? ¿Dominará el "idioma de los gatos"? ¿Puede entenderse con otros animales, como, por ejemplo, mi perro?

SACHA Y PRÍNCIPE

«Príncipe», cruce de pastor y collie, no podía soportar a los gatos. Cuando alguno se cruzaba en su camino, se ponía furioso, aunque nunca ha llegado a hacer daño a ninguno, quizá porque los gatos se han puesto siempre a

* Kaspar Hauser fue un misterioso personaje alemán que vivió entre 1812 y 1833; creció sin haber tenido relación con otras personas. Por extensión, su nombre se aplica en ocasiones a los animales que crecen sin tener contacto con otros miembros de su especie.

salvo a tiempo. ¿Cómo acogió Príncipe la llegada de Sacha? Nada más verlo, lo olfateó detenidamente y a partir de entonces hizo caso omiso de él; tan sólo ocasionalmente se acercaba a la caja donde dormía el nuevo inquilino y lo olfateaba de nuevo. Al parecer había comprendido desde el primer momento que el gato había pasado a formar parte de la "familia". Por su parte, Sacha no mostró el menor temor al ver a Príncipe, lo que no dejaba de asombrar a éste. Por ejemplo, los dos solían dormir por las noches en la escalera de acceso a la casa, cada uno en su rincón.

De vez en cuando, el gato se acomodaba en el centro del lugar reservado al perro, que a todas luces resultaba demasiado grande para él. En vez de enfadarse o de intentar expulsar al intruso, Príncipe tomaba las cosas con resignación y procedía a buscar otro lugar donde pasar la noche, a pesar de que ello le molestaba muchísimo, como demostraba su actitud. Soportaba estoicamente los ataques e incitaciones de Sacha, que en más de una ocasión osó meter el hocico en su plato de comida. A pesar de todo ello, el perro parecía dispuesto a mantener la paz a toda costa. Es difícil decir si la cordial relación existente entre el perro y el gato debe calificarse de amistad. Ciertamente, cuando ambos han estado algún tiempo separados, el perro saluda a Sacha con ostensibles muestras de alegría, tal como sucede cuando el gato aparece inesperadamente durante los paseos que solemos dar Príncipe y yo. Tan pronto como el perro me ve con la correa en la mano, se vuelve loco de alegría y empieza a saltar a mi alrededor, pues ello significa que nos vamos a la calle. Casi siempre, Sacha aparece por algún rincón del jardín y parece como si se contagiara de la alegría del perro, pues empieza a dar volteretas, a intentar cogerme la correa o corre a esconderse entre la maleza para saltar sobre nosotros cuando pasamos delante de él. Mientras vamos por el camino que desde el pueblo lleva a los huertos frutales y la campiña, Príncipe camina a mi lado, sin intentar soltarse de la correa. Por su parte, el gato tan pronto nos sigue a cierta distancia como nos adelanta corriendo para esconderse en algún lugar, donde nos espera. Cuando le apetece, trepa también a algún que otro árbol.

Realmente formamos un grupo un tanto insólito: un hombre, un perro y un gato paseando juntos. ¿Hasta qué punto existen lazos comunes entre nosotros? ¿Cómo puedo saber yo lo que pasa por las mentes de mis compañeros? ¿Tendrán conciencia y sentimientos? ¿O los animales son meros autómatas que actúan movidos únicamente por el instinto?

Tanto la conciencia como los sentimientos son ámbitos inaccesibles a la investigación directa. Un animal no puede contar lo que sucede en su interior y por el momento no existe tampoco ningún aparato que nos indique lo que piensa o lo que siente un animal. Por otra parte, si tratamos de imaginarnos lo que sucede en el interior de un animal, corremos el peligro de humanizar nuestras conclusiones, lo que sin duda hacemos inconscientemente. Mi descripción de Príncipe y Sacha contiene un sinnúmero de tales humanizaciones: "furioso", "sin miedo", "estoicamente", "loco de alegría". Sin darme cuenta, traslado a los animales las conclusiones que obtengo de la conducta y de los sentimientos humanos. ¡Ojalá supiéramos lo que pasa por las mentes animales! Para los seres humanos es mucho más fácil, pues gracias al lenguaje y a la mímica podemos comunicar a los demás nuestros pensamientos, sentimientos y sensaciones. Sería estupendo que los animales pudieran comunicarse con nosotros igual que nosotros nos comunicamos con nuestros semejantes. ¡Ojalá supieran hablar!

Mi perro me empuja con el hocico, ladra y tira de la correa. ¿Qué quiere decirme con ello? ¿Acaso quiere imitar a sus antecesores salvajes, los lobos, y salir en persecución de los corzos, a los que hemos sorprendido y que ahora huyen ladera arriba hacia la espesura del bosque? El perro se habría entendido perfectamente con otro con-

Fig. 1-1. "Príncipe" y "Sacha". Los perros y los gatos también pueden ser amigos.

génere, tal como se entienden los lobos para dividir la manada. Como si se tratara de un equipo bien entrenado, los lobos emplean este truco para cortar el camino a su presa.

Un halcón se lanza contra una bandada de estorninos. Al presentir la presencia de su enemigo, los pájaros se agrupan en una formación cerrada y constituyen una densa nube que se desplaza velozmente por el aire, lo que frustra los propósitos del halcón, que se ve incapaz de atrapar una sola presa. ¿Cómo se ponen de acuerdo los estorninos?

Durante cualquier paseo por el campo es fácil encontrar un hormiguero. Si queremos sembrar la alarma, basta con que echemos dentro una pajita. Las hormigas corren frenéticas de un lado para otro buscando al intruso que ha osado turbar la paz de la comunidad y el aire se impregna de olor a ácido fórmico, que las hormigas lanzan por doquier, en un intento de alcanzar al enemigo. Numerosas hormigas salen por las otras entradas del hormiguero. ¿Quién les ha informado? ¿Existen también entre estos animales alguna forma de comunicación?

Dos caracoles se abrazan sobre la hierba. ¿Para qué lo hacen y cómo se han encontrado?

¿POR DÓNDE EMPEZAR?

En la naturaleza encontramos constantemente animales que se aparean con miembros de su misma especie, que cazan juntos, que se asocian para defenderse de un enemigo común y que crían conjuntamente a su prole. Entre los miembros de una misma especie tiene que existir necesariamente alguna forma de comunicación y entendimiento.

Es esta comunicación entre los animales el tema que vamos a analizar a continuación, entre otras cosas, para conocerlos mejor y obtener datos válidos que nos permitan saber lo que acontece en su interior y así descubrir, quizá, si están dotados de la capacidad de pensamiento y qué es lo que les mueve a una u otra acción.

¿En qué animales debemos basar nuestras investigaciones? ¿Acaso en Príncipe y Sacha? ¿En los caracoles comunes? ¿En las hormigas? ¿O tal vez en los corzos que habitan en los linderos del bosque o en los lobos que cazan en manada?

La Tierra está habitada por más de un millón de especies animales diferentes y continuamente se descubre una nueva, sobre todo entre los insectos. ¿Por dónde debemos empezar ante semejante cúmulo de posibilidades?

¿Cómo debemos proceder en esta investigación? Para responder a esta pregunta necesitaríamos saber *para qué* se ponen en contacto los animales, de lo que entonces podríamos deducir *sobre qué* "hablan". Si supiéramos *cómo* se entienden los animales, qué medios de expresión utilizan para "intercambiarse información", podríamos averiguar *qué* se dicen en su idioma.

2. Los investigadores descifran el lenguaje de los animales

Empecemos, pues, por un organismo muy simple con la esperanza de que su conducta sea igualmente sencilla y transparente. Busquemos un animal que sea fácil de alimentar y criar y cuyo radio de acción sea lo más restringido posible a fin de poder tenerlo bajo observación permanente durante horas e incluso días.

A LA BÚSQUEDA DEL ORGANISMO ELEMENTAL

Con un tarro de conservas recogimos una muestra del lodo estancado en un pequeño charco y a continuación lo llenamos hasta las tres cuartas partes con agua corriente.

Dejamos reposar el recipiente durante varias horas para que los miles de diminutos organismos contenidos en el fango se calmaran y pudieran adaptarse al nuevo entorno. Para alimentarlos añadimos al agua una o dos gotas de leche condensada y colocamos también algunas plantas acuáticas.

Al día siguiente tomamos una pequeña muestra del lodo, la mezclamos con una gota de agua y la depositamos en un porta, sobre el que colocamos un cubre a fin de examinarla al microscopio. Descubrimos que la gota de lodo estaba poblada por multitud de minúsculos organismos. Entre la miríada de paramecios, vorticelas y ciliados que se mueven agitadamente de un lado a otro, buscamos un espécimen más tranquilo y reposado. Por fin, al cabo de algún tiempo descubrimos una tímida ameba, que se adaptaba magníficamente a nuestros propósitos. Este organismo es una masa gelatinosa y flexible, rodeada de una membrana elástica que cambia constantemente de forma a medida que se desplaza el animal, para lo cual emite unas prolongaciones digitiformes que reciben el nombre de pseudópodos. El cuerpo propiamente dicho está constituido por una sola célula que posee todas las propiedades características de la vida, es decir, puede desplazarse, ingerir alimento y desarrollarse. Cuando la ameba alcanza un tamaño determinado, se divide sencillamente por la mitad, dando lugar a dos nuevas células. Este proceso puede repetirse cada 24 horas.

Con un poco de paciencia observaremos todos estos procesos —desplazamiento, división e ingestión de partículas alimenticias— en la ameba que hemos seleccionado. Con toda seguridad, este diminuto organismo es capaz de diferenciar un grano de arena indigerible de una partícula alimenticia. La única forma de comprobarlo es recurrir a la experimentación. La ameba debe estar dotada por tanto de algo parecido a un sentido que le permite distinguir unas sustancias de otras y quizá también reconocer a sus congéneres, pues ocasionalmente puede observarse que dos amebas se unen para intercambiar sus núcleos*.

El reconocimiento es el requisito primordial para este proceso, pues en caso contrario, las amebas pasarían indiferentes una al lado de otras. Éste constituye un sencillo ejemplo de lo que hemos dado en llamar comunicación entre los animales. Las amebas emiten algún tipo de señal que es captada y reconocida por otros miembros de su especie. ¿En qué consisten esas señales? ¿Cómo se reconocen las amebas?

---

* El intercambio de núcleo recibe el nombre de "conjugación".

En la tierra húmeda viven amebas del género *Dictyostelium discoideum*. En épocas de escasez de alimento, la colonia, formada por multitud de organismos aislados, sufre una auténtica conmoción y los individuos se desplazan desde todos los rincones hasta un punto determinado para celebrar una "asamblea" realmente multitudinaria, con cientos de miles de asistentes. Las amebas trepan unas encima de otras hasta formar una torre puntiaguda que al final acaba derrumbándose. Esta "columna" de amebas, que se desplaza como un solo individuo, mide unos 2 milímetros de largo y es perfectamente visible a simple vista. Esta curiosa formación, que va dejando tras de sí un rastro gelatinoso, avanza incansable, a veces durante largo tiempo, hasta encontrar un lugar cálido y soleado.

Este hecho es ya de por sí sumamente singular. Mientras las amebas viven como individuos independientes, buscan siempre lugares húmedos y oscuros para evitar la desecación. Sin embargo, cuando se reúnen en la formación descrita, sus preferencias cambian por completo. Cuando encuentran el hábitat idóneo forman de nuevo una torre compuesta por un tallo estrecho de un centímetro de alto rematado por una esfera. Las amebas que forman el tallo secretan paredes de celulosa que confieren mayor consistencia a la construcción, lo cual no deja de ser sorprendente, pues, a excepción de las amebas, las plantas son los únicos organismos capaces de producir celulosa*.

Por su parte, los individuos que componen la esfera que remata esta especie de torre de televisión en miniatura se repliegan y secretan una envoltura resistente, y reciben entonces la denominación de quistes o esporas. Los quistes son muy resistentes al calor, al frío y a la sequedad

---

* La celulosa es un carbohidrato de elevado peso molecular, cuya molécula está formada por unas 2.000 moléculas de glucosa.

y pueden sobrevivir durante largos períodos de tiempo en este estado. Cuando un gusano u otro animal pequeño pasa junto a ellos, se adhieren a su cuerpo y son transportados así hasta otros lugares.

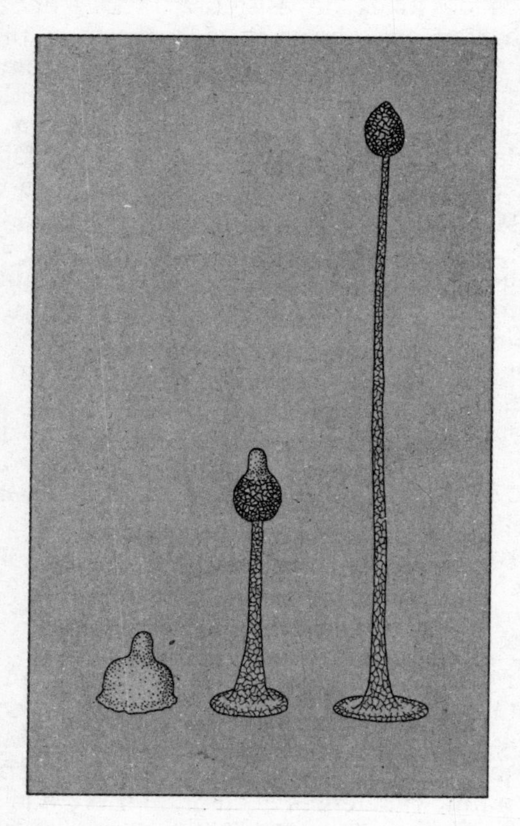

Fig. 2-1. Cuando las condiciones son desfavorables, las amebas se agrupan y construyen "torres" altas y estrechas rematadas por una esfera. Aquellas que posteriormente darán lugar a quistes se han dibujado en un tono más oscuro.

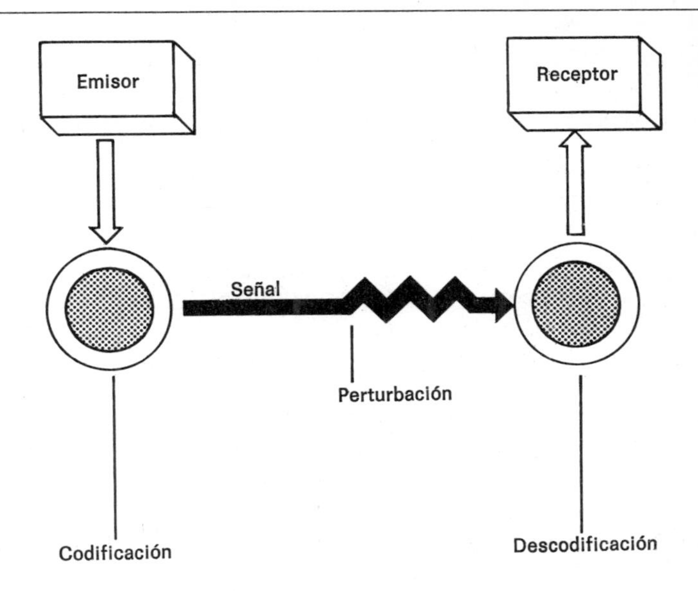

Fig. 2-2. Esquema de la transmisión de señales en el que pueden distinguirse todos los elementos básicos de la comunicación.

Si las condiciones del lugar de destino son favorables, de los quistes emergen nuevas amebas, reanudándose el ciclo desde el principio. Tanto los quistes como las amebas a que dan origen son los únicos supervivientes de la formación, pues las que constituyen el tallo mueren inevitablemente, es decir, se "autosacrifican" para asegurar la supervivencia de la especie.

¿Cómo es posible que esta especie de ameba sea capaz de realizar un trabajo comunitario de semejante envergadura? Lógicamente, los individuos deben disponer de algún sistema de comunicación. Los investigadores han descubierto la señal que convoca a las amebas a la "asamblea". Se trata simplemente de una sustancia química, llamada acrasina, que secretan únicamente las denominadas amebas fundadoras. Esta sustancia, que se difunde por el medio, atrae indefectiblemente a todos los individuos.

El proceso es el siguiente: una ameba (emisor) emite una señal (acrasina), que es captada por otra ameba (receptor), con lo que se tienen así los tres elementos básicos de todo sistema de información.

Los tres elementos son fundamentalmente los mismos que hoy día utiliza la moderna técnica de las telecomunicaciones. Pensemos si no en el ejemplo siguiente: Javier quiere hablar con su amiga Clara, que vive en el extremo opuesto de la ciudad. ¿Qué hace entonces Javier? Sencillamente, decide llamarle por teléfono, aparato que convierte sus palabras en impulsos eléctricos, lo que les permite salvar grandes distancias. Esta conversión implica a su vez una codificación, lo que garantiza así la confidencialidad del contenido del mensaje transmitido por Javier. Las señales son captadas y decodificadas por el destinatario, en este caso, el teléfono de Clara. Al descolgar el auricular, los impulsos eléctricos se transforman en ondas sonoras y Clara escucha perfectamente la voz de Javier. En el ejemplo citado hemos topado con un nuevo elemento: la codificación* de la señal.

También entre las amebas existe la codificación, representada por la acrasina. Tan sólo las amebas de la especie *Dictyostelium discoideum* comprenden el sentido del mensaje; el resto de los animales no lo capta o no le confiere ningún significado especial, lo que sin duda representa una gran ventaja, pues entre otras cosas impide que eventuales enemigos descubran el lugar de reunión de las amebas.

La diversidad y multitud de sustancias químicas existentes convierten a éstas en magníficas señales secretas, y entre sus numerosas ventajas hay que destacar su gran du-

---

* Código: clave con que se cifra o representa una determinada información.

rabilidad, pues una sustancia química secretada por el emisor actúa como señal durante mucho tiempo, incluso aunque el emisor abandone el lugar o interrumpa su actividad emisora.

Por otra parte, las señales químicas apenas se ven afectadas por las perturbaciones. ¿Qué queremos decir con esto? Volvamos a la conversación telefónica entre Javier y Clara. A veces, cuando hablamos por teléfono, nuestras palabras se hacen inaudibles debido a ruidos, pitidos y chasquidos extraños procedentes del exterior.

Estas perturbaciones constituyen uno de los problemas más molestos en el ámbito de las comunicaciones. Las sustancias químicas, en cambio, apenas se ven afectadas, pues además de ser muy resistentes, no son fáciles de modificar.

Dejemos ahora el microscopio y a las sorprendentes amebas y traslademonos al norte de África, donde en las desoladas zonas desérticas de Tunicia y Argelia habita un animal singular para el que las señales químicas desempeñan un papel mucho más importante y complicado.

ANIMALES PEQUEÑOS CON GRAN SENTIDO FAMILIAR

Los pequeños agujeros de un centímetro de diámetro que salpican la arena apenas llamarían la atención si no fuera por el muro que rodea a cada uno de ellos y que se encuentra a una distancia comprendida entre 6 y 15 centímetros. ¿Qué significan estos agujeros? ¿Qué animal habita estos desolados parajes? ¿Quién y con qué objeto ha construido estas singulares guaridas?

Armados de paciencia nos disponemos a esperar que tan consumado constructor se digne salir de su agujero para conocerlo mejor. Cuando al cabo de una hora de ansiosa espera no vislumbramos el menor movimiento, escarbamos en la arena con ayuda de una pala hasta que aproximadamente 20 centímetros más abajo descubrimos la auténtica guarida, ocupada por dos cochinillas del desierto*. Se trata de un macho y de una hembra.

Todos los agujeros que excavamos están habitados invariablemente por una pareja y a veces también por sus crías, que en ocasiones rondan el centenar.

K. Eduard Linsenmair** y su esposa han estudiado durante largo tiempo y de manera intensiva las cochinillas del Sahara; por ello nosotros vamos a seguir paso a paso sus exhaustivas investigaciones para conocer mejor los hábitos de este extraño animal. El matrimonio Linsenmair comprobó en primer lugar que en cada guarida vive siempre una pareja de cochinillas, con o sin crías. El macho y la hembra están muy unidos, parecen reconocerse y defienden ciegamente su vivienda contra los intrusos, entre los que figuran también otros miembros de su especie. Las crías nacen en la madriguera y no la abandonan hasta transcurridos entre catorce y veinte días. Durante este período se nutren de los alimentos que les suministran sus progenitores. Cuando uno de los dos sale en busca de comida, el otro se queda siempre de guardia. Según parecen indicar todos los indicios, cada guarida alberga únicamente una familia de cochinillas.

Para comprobar sus conclusiones, los investigadores citados marcaron varias familias con distintos colores y así pudieron comprobar lo siguiente: cuando las crías miden entre 3 y 4 milímetros de largo y han experimentado tres o cuatro mudas, abandonan la guarida por primera vez para hacer breves incursiones por los alrededores. Cuando se aproximan a otra guarida, dan rápidamente la vuelta y corren a refugiarse en la suya. Asimismo, cuando en estas excursiones se encuentran con otra cochinilla, la pal-

---

* Las cochinillas son los únicos crustáceos que pueden vivir también en tierra firme. Entre las especies más conocidas figura la cochinilla de la humedad.

** K. Eduard Linsenmair es profesor de zoología en la Universidad de Wurzburgo.

pan con las antenas y salen corriendo; sin embargo, esta reacción de huida no existe cuando se encuentran por casualidad con uno de sus progenitores. Frente a otras crías se comportan de la misma manera que frente a los adultos, es decir, se palpan con las antenas y si no pertenecen a la misma familia, se apartan rápidamente. Esta reacción tampoco se da entre hermanos. ¿Cómo reconocen las crías de cochinilla su guarida y el territorio contiguo? El profesor Linsenmair sacó de sus nidos a varias crías que no habían salido todavía al exterior y, por tanto, no conocían el entorno, y las situó delante de su "hogar" y de otras cuevas vecinas. Desde su primera salida al exterior, las crías son capaces de distinguir la entrada de su escondrijo de la de otras familias, a sus padres de otras cochinillas adultas y a sus hermanos de otros animales jóvenes.

¿Cómo se comportan las cochinillas adultas frente a las crías ajenas? Cuando un animal adulto se encuentra con una cría que no es suya, reacciona con gran agresividad, impidiéndole la entrada a su guarida, y si los jóvenes no huyen con la rapidez necesaria, los atacan y a veces incluso los matan y los devoran. Por el contrario, los padres jamás atacan a su prole, aunque se hallen fuera de sus dominios.

De este modo, Linsenmair demostró que las cochinillas del desierto reconocen perfectamente a los integrantes de su familia, pero ¿de qué medios se sirven para ello? Con objeto de hallar la respuesta exacta, el investigador realizó diversos experimentos de aislamiento. Extrajo varias crías de una madriguera y las mantuvo durante algún tiempo separadas de sus padres y hermanos. Transcurrido un tiempo, las colocó una por una delante de su propia guarida y de otras extrañas y observó detenidamente sus reacciones.

Tal como aparece recogido en el informe correspondiente a dicha experiencia (véase pág. 18), las crías que habían estado separadas de su familia hasta un máximo de catorce días fueron admitidas en la guarida sin el me-

Resultados de las pruebas de aislamiento realizadas con cochinillas del desierto

N.º de la familia	Número de animales aislados devueltos a su entorno	Duración del aislamiento en días	Reacciones de los animales jóvenes devueltos a su entorno: Reconocimiento de la madriguera y/o padres y hermanos	Esfuerzos intensivos>15 min a pesar de la resistencia del guardián	No reconocen la madriguera. Se apartan de ella antes de entrar en contacto con sus inquilinos	No intentan siquiera entrar, a pesar de que el guardián les palpa	Esfuerzos intensivos en madrigueras ajenas	Reacciones de los guardianes adultos: Admisión sin ningún tipo de oposición	Oponen brevemente resistencia, golpes ligeros	Bloquean la entrada, empujones, golpes >2 min, al final, les autorizan a entrar	Rechazo total	Reacciones de los hermanos no sometidos a aislamiento: Actitud hostil	Actitud no hostil
1	8	4	8				—	8					+
2	11	6	11				—	11					+
3	6	7	6				—	6					+
4	7	8	7				—	7					+
5	2	10	2				—	2					+
6	5	14	5				—	5					+
7, 8	17	14	14		3		—		14				±
9, 10	14	14	13	6	1		—	4	2	7			±
11, 12	6	15	6				—	1	5				+
13	12	15	12	8			—		4	8		+	
14,15,16	33	17	6		4	23	—			6		1 × +	5 × +
17	4	18	4	4			—			3	1	+	
18	7	18	5		2		—		5			+	
19	3	19	3				—		3				±
20	8	19	3	1		5	—				3	+	
21	7	19			7		—					ningún encuentro	
22	3	20	3	2			—			(1)	3	+	
23,24,25	17	22	12		5		—			(4)	12	+	
26	6	23	4	3		2	—			(1)	3	+	
27	5	26			5		—					+	
28-31	17	32-35				17	—					ningún encuentro	

nor problema, a pesar de que algunas habían sufrido hasta tres mudas.

Las que habían permanecido aisladas entre 14 y 19 días fueron rechazadas inicialmente por parte de sus padres y hermanos, pero al cabo de algún tiempo fueron admitidas en la vivienda familiar. Lo curioso del caso es que ni los padres ni los hermanos intentaron en ningún momento capturarlas para comérselas. Cuando la separación había superado los 19 días, las reacciones de rechazo fueron mucho más violentas y en múltiples ocasiones los padres acabaron por atacar a sus propias crías. Las que lograron refugiarse en la guarida, sucumbieron ante sus propios hermanos.

Asimismo pudo comprobarse un hecho no menos sorprendente: las cochinillas sometidas a aislamiento, aunque éste hubiera sido tan sólo de 2 a 4 días, se mostraban más inseguras que sus hermanos que habían permanecido en la cueva. Cuanto más prolongada había sido la separación, mayor era también el "desasosiego" mostrado. No obstante, el observador pudo comprobar perfectamente si las cochinillas eran o no capaces de reconocer su propia guarida. Éstas, al principio, no se atrevían a entrar en ella: se acercaban a la entrada y en lugar de introducirse por la misma, daban la vuelta y se alejaban corriendo hasta llegar al borde exterior del muro de excrementos, desde donde iniciaban de nuevo la maniobra.

Tras algunos intentos, la cochinilla penetraba en el interior, donde se reunía con alguno de sus progenitores y en la mayoría de los casos también con algún hermano. En este instante, su desasosiego desaparecía por completo; se situaba junto a su familia y no admitía que la expulsaran. Por el contrario, si se coloca a una cochinilla sometida a aislamiento en las proximidades de una guarida extraña, se aleja de ella y cruza el muro de excrementos con la máxima rapidez posible, lo que demuestra que incluso cuando la ausencia ha sido larga estos animales son capaces de reconocer su propia cueva.

Otros experimentos en los que fueron aislados los padres en lugar de las crías dieron resultados muy similares, lo que induce a suponer que los miembros de una misma familia se reconocen por el olor, ya sea éste emitido por su propio cuerpo o bien por el de alguna secreción proveniente de algún punto específico del mismo.

¿Estas características familiares son heredadas o aprendidas? Para resolver este interrogante los investigadores realizaron diversos experimentos de intercambio. Para ello encerraron en un recipiente pequeño a una pareja de cochinillas adultas con crías que no eran suyas. Durante las primeras 24 horas, los "padres" hostigaron constantemente a sus supuestos hijos, pero luego se acostumbraron a su presencia y vivieron en perfecta armonía. El paso siguiente consistió en trasladarlos a una guarida; los padres continuaron tratando a las cochinillas adoptivas igual que a sus propias crías. Así pues, todo parece indicar que los "padres" son capaces de aprender a reconocer una señal familiar nueva. Sin embargo, cuando las sustancias olorosas proceden de los padres no puede hablarse de aprendizaje, ya que en este caso los animales adultos se las imponen en cierto modo a los más pequeños. Para comprobar esta hipótesis se llevó a cabo otro experimento.

Las crías de una misma familia fueron separadas de sus padres y divididas en dos grupos. Al primero se le adjudicaron unos padres adoptivos y el segundo creció "huérfano". Al cabo de algún tiempo, se juntaron de nuevo los dos grupos. El resultado del experimento no dejó lugar a dudas: los padres adoptivos no establecieron ninguna diferencia entre los animales de uno u otro grupo.

¿Influyen los padres en la elección de la señal familiar? Para averiguarlo, Linsenmair y su esposa devolvieron las crías adoptadas a sus padres verdaderos, quienes las aceptaron plenamente desde el primer momento.

De todos estos experimentos cabe concluir, pues, que los padres no desempeñan ningún papel esencial en la formación de la señal familiar. El último experimento excluyó también la posibilidad del reconocimiento individual, al contrario de lo que sucede entre los hombres, donde todos los miembros de una familia se conocen perfectamente. En el caso de las cochinillas esta posibilidad era muy remota, ya que una pareja puede tener hasta 100 crías. Así pues, se puede decir que las cochinillas del desierto son asociaciones muy cerradas pero anónimas.

Una vez comprobado que las cochinillas adultas eran capaces de "aprender" una señal familiar nueva, se planteó la cuestión de si se trataría de un cambio de actitud o de un auténtico aprendizaje. En el primer caso, la nueva señal debería reemplazar a la antigua y, por tanto, los padres con hijos adoptivos no deberían reconocer a los suyos propios, pero como esto no ocurre así, sino que los padres reconocen al instante a sus propias crías, incluso después de haber convivido durante días e incluso semanas con las adoptivas, lo lógico es pensar que no se produce ninguna sustitución ni cambio de actitud. Los padres son capaces de reconocer simultáneamente dos señales familiares como mínimo y de comportarse del mismo modo frente a los portadores de una y otra.

La siguiente pregunta está relacionada con la naturaleza de dicha señal. Todo parece indicar que consistía en una sustancia química (o una mezcla de sustancias) captada por medio de receptores olfativos. ¿De dónde procede esa sustancia olorosa? Podría tratarse de sustancias existentes en el medio, las cuales quedarían adheridas al cuerpo de los animales, o bien de sustancias secretadas por éstos. Dado que los adultos no parecen influir en la formación de la señal familiar, es lógico suponer que ésta corre a cargo de los animales jóvenes.

Linsenmair realizó diversos experimentos, en los que no vamos a detenernos, para comprobar si dicha sustancia tenía su origen en el entorno o en la alimentación. Los resultados fueron negativos en todos los casos, por lo que la única explicación posible era pensar en una secreción de los propios animales.

En una nueva serie de experiencias se formaron dos grupos de veinte a cuarenta cochinillas jóvenes cada uno, que se mantuvieron separados. Al grupo de ensayo E se incorporaron animales de otras familias, mientras que el grupo de control C se dejó tal como estaba. Entre 4 y 14 días más tarde, los integrantes de ambos grupos fueron devueltos a sus guaridas respectivas. Los resultados fueron nuevamente inequívocos: todos los animales del grupo E fueron tratados como extraños; los del grupo C, por el contrario, fueron reconocidos al instante y se les permitió entrar en las cuevas.

Evidentemente, la señal del grupo mixto debió haber experimentado una drástica transformación, de lo que cabe deducir que las sustancias específicas de una familia pueden mezclarse con las de otra.

Durante el período de letargo, las cochinillas se apiñan unas junto a otras y es entonces cuando, lógicamente, deben mezclarse los olores. La señal olorosa distintiva de una familia es por tanto una mezcla homogénea del olor específico de cada uno de sus miembros.

A modo de resumen cabe, pues, concluir lo siguiente: la señal familiar olorosa de las cochinillas del desierto es de naturaleza química, es secretada por los animales jóvenes y, presumiblemente, su composición constituye un carácter hereditario. Cada cría de una misma familia secreta una sustancia ligeramente diferente a la de sus hermanos y la mezcla de todas ellas da lugar a la señal familiar.

¿Qué importancia tienen estas señales en la vida de las cochinillas del desierto? ¿Qué ventajas reporta a los miembros de una familia la posibilidad de reconocerse con ayuda de una señal de origen químico?

La cochinilla del desierto no es el único isópodo que vive en este hábitat, aunque sí el más frecuente, con gran diferencia. La razón de semejante proliferación quizá radique en el hecho de que, salvo una corta etapa migratoria en primavera, las cochinillas del desierto pasan el período de letargo escondidas en las guaridas que ellas mismas excavan. Las otras especies, en cambio, suelen buscar un refugio natural, generalmente debajo de las piedras. ¿Es quizá la capacidad excavadora de las cochinillas del desierto la responsable de su superioridad biológica? Las restantes especies poseen también esta capacidad, pero no la utilizan para construir madrigueras; la sorprendente supremacía de las cochinillas del desierto no es solamente consecuencia de su capacidad excavadora, sino también el resultado de una conducta social determinada.

¿Cómo se ha desarrollado esa conducta social a lo largo del tiempo? La vida en el desierto está llena de peligros para las crías de cochinillas. Su tamaño y su peso las hace especialmente vulnerables a los elementos, corren el riesgo de ser arrastradas por el fuerte viento que sopla de forma casi incesante y al igual que los restantes isópodos, son muy sensibles a la desecación. Por último, los enemigos acechan por doquier. Las guaridas, que las crías recién nacidas no abandonan hasta transcurridos algunos días, constituyen así un refugio seguro contra los peligros descritos.

La búsqueda de alimento para los recién nacidos representa un nuevo problema, que los padres solucionan alternándose en la tarea. Ahora bien, esta forma de alimentación exige restringirla drásticamente a los propios descendientes. Para el desarrollo ulterior de este instinto es fundamental que sólo puedan beneficiarse de sus ventajas los portadores de tales características hereditarias, que se van reforzando en la población con el paso del tiempo. De este modo ha ido desarrollándose la íntima y anónima asociación familiar de las cochinillas del desierto, sin duda la más cerrada de cuantas existen entre los artrópodos de hábitos sociales. Jamás ha podido observarse que en condiciones naturales las cochinillas del desierto admitieran en sus guaridas a miembros de otras familias. Semejante intransigencia no existe, por ejemplo, entre las abejas, las hormigas o las termitas. Entre las cochinillas, en cambio, la información que obtienen tras palparse con las antenas determina la reacción de aceptación o de rechazo. Realmente ésta es la única forma de garantizar la cohesión de las distintas familias, a pesar de que estos animales suelen vivir tan próximos unos de otros que a menudo se solapan los territorios familiares que representan su fuente de alimentación y que, por lo general, se extienden entre 50 cm y 2 m alrededor de la guarida. En una superficie del tamaño de un campo de fútbol pueden vivir hasta dos millones de cochinillas.

Para lograr unas asociaciones tan cerradas no tuvieron más remedio que recurrir a la emisión de señales químicas que sirvieran como distintivo familiar. Paralelamenfueron desarrollándose determinados comportamientos, como la alimentación de las crías a cargo de los padres y una marcada agresividad hacia los intrusos, mientras que entre la familia reina gran armonía. El sentido de la orientación adquirió así una importancia capital, pues solamente las cochinillas que sabían regresar a la guarida familiar eran admitidas en ella, lo que aumentaba considerablemente sus posibilidades de supervivencia. De todo lo anterior se deduce que un único medio de comunicación, en este caso el olor familiar, puede reportar importantes ventajas biológicas a toda una especie, como hemos visto en la cochinilla del desierto, y desempeñar un papel trascendental en todos los aspectos de su vida.

UN "TIGRE VENENOSO" CON GLÁNDULA OLOROSA

La mariposa tigre* se caracteriza ante todo por sus espléndidas alas de bellos colores que la convierten en una

---

* Aunque el hábitat natural de la mariposa tigre *(Danaus chrysippus)* son los trópicos, también se encuentra en algunas regiones de Europa meridional y ocasionalmente incluso más al norte.

de las mariposas diurnas más atractivas. Incluso las aves, para las que las mariposas en general constituyen un exquisito bocado, sienten ante ellas auténtico "respeto". A ninguna ave adulta se le ocurriría jamás atrapar una mariposa tigre; tan sólo las más jóvenes e inexpertas caen ocasionalmente en la tentación de probar su sabor. La experiencia resulta inolvidable; al cabo de pocos minutos el malestar que se apodera de ellas les obliga a vomitar el contenido de sus estómagos. La mariposa tigre es venenosa y provoca náuseas y vómitos a aves que osan comerla. Las larvas se alimentan de asclepiadáceas y otras plantas que poseen glicósidos venenosos similares a los de la digital, almacenando las sustancias tóxicas en su interior, y por ello tanto las larvas como las pupas y las mariposas adultas resultan indigeribles para la mayoría de los animales.

Junto a las mariposas realmente venenosas existen otras que no lo son, pero cuyas alas son idénticas a las de la mariposa tigre, con lo que logran confundir a las aves, que huyen de ellas a pesar de ser totalmente inofensivas. Estas singulares mariposas navegan con bandera falsa para beneficiarse del respeto que infunden sus congéneres venenosos. Esta propiedad recibe el nombre de mimetismo*.

Semejante afán de imitación traería sin cuidado a la mariposa tigre si no fuera porque los olores y dibujos de sus alas tienen otra misión muy importante, como es facilitar el reconocimiento y posterior apareamiento de machos y hembras de la misma especie. Así pues, la coloración y los dibujos de las alas son un signo de reconocimiento visible específico de la especie.

¿Cómo soluciona la mariposa tigre el problema cuando a su alrededor hay multitud de individuos de otras es-

* Mimetismo es la imitación de las características del entorno o de otra especie con fines de protección.

pecies que imitan perfectamente su "indumentaria"? ¿No se producen constantes confusiones en la época del apareamiento?

Cuando una mariposa tigre macho divisa a otra, revolotea a su alrededor, pero solamente la persigue si reconoce en sus alas los colores y dibujos característicos de su especie. Si es así, se sitúa delante de ella y desde la parte posterior del abdomen proyecta dos apéndices peludos cada uno de los cuales mide cerca de 1 centímetro de diámetro.

Si la mariposa perseguida es una hembra adulta en celo, se posa en un lugar conveniente mientras el macho continúa revoloteando a su alrededor con los apéndices peludos desplegados. Tras esta parada nupcial tiene lugar el apareamiento.

Por el contrario, si la mariposa perseguida es otro macho o no es una auténtica mariposa tigre, sino una "imitadora", no se posa en ningún lugar. El macho pierde entonces el interés inicial en él suscitado e interrumpe la persecución. Los dos aspectos fundamentales del comportamiento característico de la época del celo son, por tanto, la proyección de los apéndices peludos por parte del macho y el acto de posarse por parte de la hembra. Todo parece indicar que con dicha acción, el macho transmite a la hembra una señal química en forma de sustancia olorosa que impulsa a ésta a posarse.

Los apéndices en sí son dos tubos desplegables cubiertos cada uno de ellos por varios centenares de pelos de unos 5 milímetros de longitud. Cuando están totalmente desplegados ocupan una superficie considerable, lo que refuerza la hipótesis de su función como órgano secretor de sustancias olorosas.

Si a una mariposa tigre macho se le extirpan estos apéndices es incapaz de inducir a una hembra en celo a posarse y lo mismo sucede si se les somete a un minucioso lavado. La hipótesis apuntada más arriba parece, pues, confirmarse: las sustancias químicas, conocidas científicamente con el nombre de feromonas*, secretadas por los apéndices peludos del macho son percibidas por la hembra en celo, que reacciona posándose en una rama u otro lugar para posibilitar el apareamiento.

Las sustancias que tienen la cualidad de excitar el apetito sexual y que sólo se utilizan cuando los animales se han reconocido ya por otros medios se denominan afrodisíacos. ¿Existirá algún modo de descubrir la presencia de sustancias afrodisíacas en el cuerpo o en las extremidades pilosas de las mariposas tigre machos?

Hasta ahora sólo ha podido identificarse una de las diversas sustancias secretadas por dichos órganos, la que se conoce con el nombre de danaidona**. Mientras llevaban a cabo estos experimentos, los científicos comprobaron que los machos criados en el laboratorio tenían muchas más dificultades para aparearse que los que habían sido capturados en libertad. Al estudiar las feromonas con más detenimiento descubrieron que los primeros no secretaban danaidona, lo que les llevó a observar a los machos en libertad. Así pudo comprobarse que éstos se alimentaban de plantas pertenecientes a la familia de la borraja, a la de las compuestas y a las papilionáceas, con una marcada preferencia por los tallos, hojas y cápsulas de semillas secas. Mediante la espiritrompa humedecen las partes secas y luego absorben de nuevo el jugo.

Las plantas citadas contienen alcaloides de pirrolicidina o senecioicos, cuya composición química es idéntica a

---

* Con el nombre de feromonas se designan ciertas sustancias secretadas al medio ambiente, que, actuando como señal de tipo químico, influye en el comportamiento de otros individuos de la misma especie.

** Danaidona: O CH_3 N

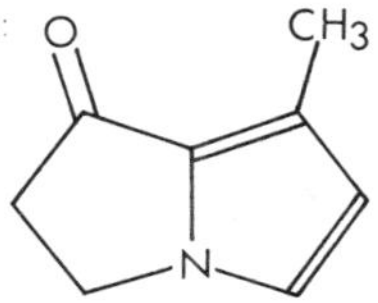

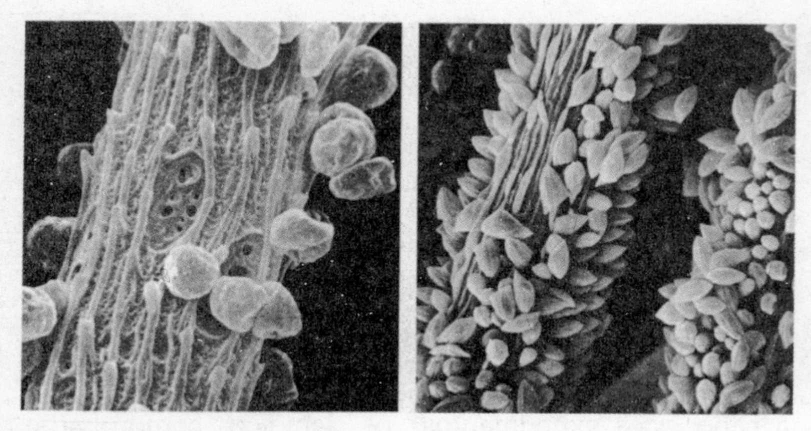

Fig. 2-3. *Izquierda:* Las formaciones redondeadas son partículas transferidoras de feromonas. El tronco grueso y áspero corresponde a una sección de un pelo de *Danaus chrysippus*. *Derecha:* La misma formación en *Danaus sita*.

Fig. 2-4. *Izquierda:* Partículas transferidoras de feromonas pertenecientes a *Danaus formosa*. *Derecha:* La escama de la androconia de *Danaus formosa* está revestida interiormente por unas formaciones filiformes que al descomponerse dan origen a numerosas partículas transferidoras de feromonas, tal como puede apreciarse en la anterior fotografía.

la de la danaidona, lo que parece indicar que las mariposas necesitan libar alcaloides vegetales para poder producir dicha sustancia.

A continuación se suministró a los machos criados en el laboratorio plantas secas que contenían alcaloides de pirrolicidina para que libaran. Poco tiempo después, también ellos producían danaidona. La dieta a base del alcaloide puro produjo el mismo resultado. Lo más sorprendente es que estos alcaloides resulten inofensivos para las mariposas, ya que para los vertebrados son sustancias altamente tóxicas. Las mariposas tigre, en cambio, las almacenan en su cuerpo, con lo que consiguen una protección adicional contra eventuales enemigos.

En resumen, las larvas de la mariposa tigre se alimentan de plantas de la familia de las asclepiadáceas y de las apocináceas y almacenan en su interior las sustancias tóxicas que contienen dichas plantas y que les proporcionan una protección adicional tanto en la fase de larva como de pupa e imago. Las mariposas adultas extraen de ciertas plantas secas (borraja, compuestas y papilionáceas) alcaloides tóxicos de pirrolicidina que, además de actuar como medio de defensa, el macho utiliza para producir danaidona.

En las alas posteriores del macho existe una escama hueca a modo de saco revestida interiormente por células glandulares y escamas de pequeño tamaño que se conocen con el nombre de androconia. Al observar las costumbres de estos animales ha podido comprobarse que los machos gustan de posarse en lugares soleados y durante los momentos de descanso suelen introducir los apéndices pilosos en las bolsitas de las alas.

Con objeto de averiguar el significado de semejante costumbre se extirpó estas escamas a un grupo de machos criados en el laboratorio tan pronto como emergieron de la pupa. Aunque se les proporcionó una dieta muy rica en pirrolicidina, no pudo comprobarse la presencia de danaidona en los apéndices de las mariposas, por lo que los investigadores dedujeron que las androconias desempeñan también un papel importante en la producción de dicha sustancia.

Aunque de momento se desconoce el proceso químico exacto que tiene lugar en el interior de dichas escamas, la hipótesis que parece estar más acorde con la realidad es la de que las células tapizantes secretarían un enzima* que al entrar en contacto con la pirrolicidina que impregna los pelos de los apéndices reaccionaría produciendo danaidona.

Gracias a la danaidona y a otras feromonas todavía desconocidas, la mariposa tigre dispone de un medio infalible para reconocer a otros individuos de su misma especie. Su toxicidad le proporciona además la protección necesaria para cumplir satisfactoriamente los diversos requisitos previos al apareamiento. Por otra parte, son tantas las mariposas que han imitado los colores y dibujos de sus alas que éstos han perdido de manera definitiva el carácter distintivo de la especie que originariamente pudieron tener para transformarse en una señal óptica indicativa de toxicidad.

Los apéndices pilosos de la mariposa tigre nos deparan todavía otra sorpresa. Al observar los pelos al microscopio se aprecia perfectamente que, adheridas a ellos, hay unas partículas diminutas semejantes a polvo muy fino. Si ampliamos la imagen observaremos que estas partículas de polvo consisten en pequeños corpúsculos cuya forma varía en las distintas especies de danaidos, familia a la que pertenece la mariposa tigre.

En investigaciones ulteriores se descubrió que dichas partículas están impregnadas asimismo de feromonas, que el macho proyecta sobre la hembra durante el vuelo nupcial, por lo que se les llamó "partículas transferidoras de

* Los enzimas son biomoléculas que catalizan las reacciones metabólicas del organismo de los seres vivos.

feromonas". En realidad es como si el macho accionara un pulverizador. Parte de las partículas cae sobre los palpos de la hembra y quedan adheridas a los pelos olfativos, y el "perfume" que desprenden provoca un estado de excitación sexual permanente en ella. De este modo el macho no necesita gastar grandes cantidades de feromonas, que evidentemente actúan a modo de afrodisíaco, para inducir el celo en la hembra y hacer así posible el apareamiento.

Los machos de otras mariposas diurnas y nocturnas más comunes en nuestras latitudes cuentan también con órganos secretores de sustancias olorosas. Por ejemplo, los piéridos y licénidos* poseen escamas de androconias en las alas anteriores, y en algunos ninfálidos y hespéridos** son abombadas en lugar de huecas. Las mariposas nocturnas tienen mechones velludos productores de feromonas en el tórax, parte posterior del abdomen o en las patas. Aunque todavía no lo han confirmado las investigaciones, todo parece indicar que estas feromonas actúan también como afrodisíaco. Sí ha pódido comprobarse, en cambio, que la feromona secretada por el macho atrae a la hembra desde muy lejos.

A modo de resumen cabe decir, pues, que, entre las mariposas, un elevado porcentaje de machos secretan sustancias químicas, conocidas con el nombre de feromonas, que actúan como afrodisíaco excitando el apetito sexual de las hembras. Como al menos una parte de estas feromonas son específicas de la especie, impiden que los machos se apareen con hembras de otras especies diferentes.

---

* Los piéridos constituyen una familia de mariposas muy extensa cuyos representantes tienen las alas blancas o amarillas. Entre los más conocidos figura la mariposa de la col. Los licénidos son otra familia de llamativas mariposas de color azulado.

** A la familia de los ninfálidos pertenecen algunas mariposas muy conocidas, tales como la vanesa, la pavo real o la tornasolada. Los hespéridos son pequeñas mariposas que presentan semejanzas tanto con las mariposas diurnas como con las nocturnas.

UNA PEQUEÑA PAUSA PARA REFLEXIONAR

Es muy posible que algunos lectores que hayan seguido hasta aquí las explicaciones acerca de los organismos unicelulares, las cochinillas del desierto y las mariposas comiencen a sentir cierta impaciencia y se pregunten: «¿Cómo va a terminar esto? ¿No sería preferible estudiar otros animales mayores, como un gato, un perro, un elefante o un mono? Particularmente no nos atrae demasiado "hablar" con una cochinilla del desierto o una mariposa. ¿A qué viene extenderse con tanta insistencia sobre las feromonas?»

¿Es correcto hablar de comunicación en todos los ejemplos citados? ¿La comunicación no implica acaso cierto nivel de inteligencia o, al menos, cierta capacidad de comprensión? La denominada "comunicación" entre las mariposas, e incluso entre las cochinillas, es, en realidad, un proceso rutinario y mecánico en el sentido de que cada señal desencadena invariablemente la misma reacción. Las formas de comunicación analizadas hasta el momento se caracterizan por su rigidez, su carácter rutinario y su automatismo.

Todas estas dudas y objeciones están plenamente justificadas y, por ello, merecen una breve explicación. Tal como ya se apuntó al principio, el propósito del autor es avanzar progresivamente desde lo más sencillo hasta lo más complejo. En el caso de las feromonas, por ejemplo, estas sustancias desempeñan un papel fundamental para muchos animales, mientras que para el hombre apenas tienen importancia.

Precisamente porque la comunicación mediante señales químicas es un "invento" muy antiguo que ha conservado magníficamente su vigencia hasta nuestros días, no nos queda más remedio que analizarla con el máximo detenimiento posible. En los hombres, el sentido del olfato está mínimamente desarrollado en comparación con otros muchos animales y por ello nos resulta muy difícil penetrar en el mundo de los olores.

Como es lógico, más adelante nos ocuparemos también de los animales superiores, y al hablar de ellos corremos un peligro aún mayor de "humanizarlos", sin que ello signifique que podamos prescindir por completo de nuestro punto de vista humano. Lo importante es ser conscientes de ello. Nuestro sencillo esquema de comunicación (fig. 2-2) sólo es válido si la misma se produce entre los animales de forma espontánea e inadvertida; tan pronto como el investigador se convierte en observador, el proceso resulta inevitablemente afectado de un modo u otro. La misión del observador consiste fundamentalmente en intentar descifrar e interpretar las señales que le resultan desconocidas.

La intervención humana es por tanto imprescindible para descubrir, investigar y, en definitiva, comprender tales procesos. Nuestra "humanidad" puede ser un obstáculo, pero es el único instrumento a nuestro alcance para penetrar en el reino de la naturaleza y llegar a comprenderla. La comunicación humana, la manera en que los hombres intercambian información entre sí y se entienden, es un proceso mucho más complejo. Tan pronto como un lector cualquiera toma este libro en sus manos para hojearlo, se pone en marcha un proceso de comunicación entre él y el autor. El lector se esfuerza por comprender al autor y éste, a su vez, por acercarse al lector a través de sus páginas. Los seres humanos tenemos a veces grandes dificultades para entendernos con nuestros semejantes, incluso aunque hablemos y escribamos un mismo idioma. Según la experiencia, la inteligencia, el nivel cultural o el estado de ánimo del interlocutor una palabra o una frase, por muy bien que se pronuncie o por muy bien escrita que esté, puede tener un sentido distinto al pretendido. Por todo ello, es mejor que de momento nos detengamos en las formas de comunicación utilizadas por los animales inferiores, pues su imparcialidad es mayor y más auténtica que entre los animales más próximos a nosotros, que por esta razón nos hacen caer con más frecuencia en la tentación de comparar sus comportamientos y reacciones con los nuestros.

La rigidez, el automatismo y el carácter rutinario de la comunicación entre los animales inferiores facilitan enormemente el acceso a otras formas más complejas. Ello no significa, sin embargo, que los animales citados sean meros autómatas, si bien hay que reconocer que los animales superiores disponen de mayores posibilidades de elección en lo que respecta a su forma de reaccionar ante determinadas señales, posibilidades que alcanzan sus mayores cotas en el hombre, hasta el punto de que sólo en éste puede hablarse de libertad. Pero también nosotros, los seres humanos, reaccionamos automáticamente en múltiples situaciones, en muchas más de las que creemos y de las que quisiéramos.

Volvamos ahora a nuestro tema, esto es, a la comunicación entre los animales, para detenernos en un insecto que a pesar de no tener oído se comunica con sus congéneres mediante sonidos.

LA IMPORTANCIA DEL TONO EXACTO

Con el nombre de *stukas* se conocen los bombarderos alemanes de ataque en picado que tantos estragos causaron durante la Segunda Guerra Mundial. Para reforzar su efecto desmoralizador estos aviones llevaban unas sirenas entre el motor y el plano sustentador que producían un ruido ensordecedor.

Entre los insectos existen también auténticos *stukas* que en las cálidas tardes de verano se lanzan sobre sus víctimas con un zumbido inconfundible: son los molestos y conocidos mosquitos. La hembra es la que, en este caso, pica para chupar la sangre; el macho se alimenta de la savia de los vegetales.

Según ha podido comprobarse, las hembras baten las alas unas 300 veces por segundo, originando ese sonido característico en el que han podido medirse 300 vibraciones por segundo (los científicos prefieren hablar de un sonido de 300 hertzios* de frecuencia). Los machos, que se reconocen fácilmente por sus antenas peludas —las hembras poseen sencillas antenas filiformes—, tienen un "tono" de vuelo distinto, de unos 500 hertzios.

Los mosquitos machos suelen agruparse en bandadas. Cuando una hembra se sitúa a una distancia comprendida entre 1 y 2 metros del enjambre, varios machos abandonan el grupo para seguirla. Mediante diversos experimentos se ha comprobado que es precisamente el tono del vuelo de las hembras lo que atrae la atención de los machos. Lo más sorprendente del caso es que éstos sean capaces de percibir el sonido producido por una sola hembra, pues en comparación con el suyo es bastante más débil. Desde el punto de vista de los mosquitos, los cientos o miles de individuos que a menudo vuelan juntos producen un "ruido infernal" que, por lógica, debería acallar el tenue zumbido de una hembra. La sorpresa es todavía mayor cuando descubrimos que estos insectos carecen de órganos auditivos, es decir, son "sordos", y por tanto, no pueden "oír", ni siquiera su propio vuelo. ¿Cómo perciben entonces el de las hembras?

Tras largos y minuciosos ensayos se descubrió que únicamente reaccionan a la llamada de las hembras los machos que tienen las antenas intactas. Si carecen de ellas o están defectuosas, no existe reacción alguna. La solución al enigma tiene que estar relacionada por tanto con las antenas velludas de los machos.

Tal como hemos apuntado anteriormente, el "tono" de vuelo de las hembras es de 300 hertzios. Si los machos

---

* Heinrich Hertz (1857-1894) fue profesor de física en Karlsruhe y Bonn.

reaccionaran realmente a esta frecuencia, deberían hacerlo también si dicho sonido fuera provocado por un diapasón.

Los resultados de este experimento no dejan lugar a dudas. Si con ayuda de un diapasón producimos un sonido de 300 hertzios, todos los mosquitos machos encerrados en el laboratorio o en una habitación cualquiera vuelan indefectiblemente hacia él. Incluso cantando en ese mismo tono es posible atraerlos hasta nuestros propios labios. ¿Cómo percibe el macho el sonido producido por la hembra? Al parecer, mediante las antenas.

Volvamos al ejemplo del diapasón. Este instrumento puede ponerse en vibración bien golpeándolo directamente o bien mediante sonidos exteriores de la misma frecuencia. Si el tono del diapasón y la frecuencia de los sonidos que inciden sobre él son idénticos, vibra "en resonancia" con las ondas sonoras.

En el caso de los mosquitos ¿funcionarán las antenas de los machos como un diapasón? Si observamos detenidamente la curva de resonancia de la antena de un macho en la figura 2-5, comprobaremos que su nivel de resonancia es efectivamente de 300 hertzios y que las vibraciones de 500 hertzios (tono de vuelo propio) no provocan ninguna resonancia en la antena. Esto significa que los machos son incapaces de oír el sonido de su propio vuelo, pero en cambio reaccionan de inmediato al de las hembras sencillamente porque el sonido de 300 hertzios hace vibrar su antenas. Aunque el "tono" del vuelo de los mosquitos varía en función de la temperatura exterior, esto no supone ningún obstáculo, ya que el nivel de resonancia de las antenas del macho varía también al unísono con la temperatura. Observemos las antenas de los machos con mayor detenimiento. La base de las mismas se insertan en unas formaciones semiesféricas de gran tamaño que reciben el nombre de órganos de Johnston.

A fin de comprender la delicada estructura de estos órganos vamos a utilizar como ejemplo el símil de un para-

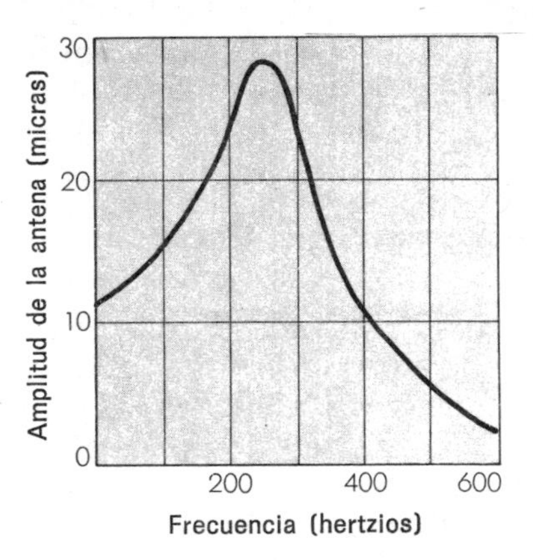

Fig. 2-5. El pico de la curva de resonancia supera ligeramente las 300 vibraciones por segundo.

guas desplegado vuelto del revés. El bastón representa la antena propiamente dicha y las varillas, las hebras de quitina, secretadas por la antena y fuertemente unidas a las semiesferas.

Cuando la antena se mueve por cualquier razón, el movimiento es transmitido a las hebras de quitina. El órgano de Johnston en el que desembocan contiene numerosas células sensoriales y nerviosas que reaccionan a los movimientos de dichas hebras comprimiéndose y distendiéndose, respectivamente. De forma análoga a como funciona un amplificador, este mecanismo es capaz de percibir movimientos y vibraciones muy débiles.

Las antenas y los órganos de Johnston constituyen por tanto un receptor selectivo ajustado exactamente a una frecuencia de 300 hertzios, con cuya ayuda los machos detectan al instante la presencia de una hembra en los alrededores. Esta señal sonora como forma de reconocimiento ofrece importantes ventajas tanto frente a las sustancias olorosas como frente a las señales visuales; en el primer caso no se ve apenas afectada por las corrientes de aire, que, en cambio, a veces se llevan los olores, y en el segundo, funciona también en la oscuridad.

GRILLOS CON SISMÓGRAFO

Estoy tumbado de espaldas sobre la hierba con los ojos medio cerrados, cegado por la luz que despide el cielo estival. Una ligera brisa trae hasta mí el aroma agridulce del tomillo y la retama que cubren la ladera de la montaña. El canto de innumerables grillos llena todo el espacio poniendo una nota mágica en el paisaje. Uno de los miembros de esta insólita orquesta está tan cerca de mí que tengo la sensación de que está cantando directamente junto a mi oreja. Para observarlo mejor, me doy la vuelta con sumo cuidado e intento enderezarme sin hacer ruido; a pesar de mis esfuerzos, el grillo ha enmudecido al instante y hasta transcurridos unos minutos no reanuda su concierto.

Sin embargo, el grillo no es un animal especialmente sensible a los ruidos. Ni las conversaciones ni los murmullos ni los cánticos parecen perturbarle, pero basta un ligero golpe en el suelo para hacerle callar. Es como si percibiera las vibraciones del subsuelo. Otros insectos, como el saltamontes y la cucaracha, poseen también un sentido especial para detectar las vibraciones.

Hansjochem Autrum* descubrió que las cucarachas perciben las vibraciones del subsuelo de hasta una amplitud de 10^{-9} centímetros. ¿Qué representan 10^{-9} centímetros? Una milmillonésima parte de un centímetro, esto es,

* Hansjochem Autrum, nacido en 1907, es profesor de zoología y en 1958 sustituyó a Karl von Frisch en la Universidad de Munich. Se ha especializado en fisiología nerviosa y sensorial comparada.

una longitud inconcebiblemente pequeña, equivalente a 1/5 de la que existe entre un núcleo de hidrógeno y la órbita de su electrón. Esta comparación tampoco nos sirve de mucho. Agrandemos con la imaginación dicha amplitud hasta una medida visible a simple vista, por ejemplo, 0,5 milímetros. Si aplicando esta misma escala aumentamos la longitud del cuerpo de una cucaracha, que en realidad mide unos 2 centímetros, obtendremos un resultado de 4.000 kilómetros, es decir, la distancia que hay del Cabo Norte a Sicilia.

Para continuar con las comparaciones, es como si la cucaracha poseyera un sismógrafo ultrasensible capaz de registrar las mínimas vibraciones del suelo, que casi sin excepción anuncian la presencia de un enemigo, lo cual hace que inmediatamente se ponga sobre aviso y tenga la oportunidad de refugiarse en su guarida. La sorpresa es aún mayor si pensamos que el tímpano humano reacciona a amplitudes de la misma magnitud. ¿Qué aspecto tiene este órgano tan singular? Está situado exactamente debajo de la "rodilla", en la parte superior de la tibia. Su configuración es relativamente sencilla: entre la pared de la pata y las pequeñas tráqueas respiratorias* que existen en el interior de ésta, se extiende a modo de vela una membrana muy fina que contiene numerosas células sensoriales. Cuando el suelo vibra, las vibraciones, transmitidas también a la pata del insecto, son registradas por las tráqueas y la membrana, cuyas células sensoriales se encargan de retransmitirlas. La membrana actúa como un amplificador, centuplicando la intensidad de las vibraciones para que puedan ser captadas por las células sensoriales.

La mayoría de los insectos no disponen de órganos de este tipo y, sin embargo, son capaces de percibir las vibraciones y los temblores. Para ello se sirven de las antenas

---

* Los insectos y otros artrópodos poseen un sistema traqueal muy ramificado que desempeña un papel importante en la respiración.

y los órganos de Johnston, tal como hemos visto al hablar de los mosquitos, o de los pelos del cuerpo, que reaccionan tanto ante los estímulos táctiles como ante las vibraciones del suelo.

Los insectos y otros artrópodos utilizan también los estímulos vibratorios como forma de comunicación. En época de celo, las arañas macho pellizcan los hilos de la tela que teje la hembra. Los cangrejos terrestres golpean el suelo con las pinzas o con las patas. El cangrejo fantasma* transmite de este modo información a sus congéneres hasta una distancia superior a 7 metros. Cuando hay algún enemigo en las proximidades, las termitas golpean el suelo con el cuerpo y ponen sobre aviso a sus compañeras, que corren a refugiarse en las profundidades del termitero. Las hormigas que por alguna razón quedan sepultadas bajo tierra emiten una especie de chirrido capaz de atravesar una capa de 5 centímetros de espesor, gracias al cual sus compañeras pueden localizarlas fácilmente y desenterrarlas (véase también pág. 145). Cuando tienen hambre, las larvas de abeja arañan las paredes de sus celdas con las mandíbulas, indicando con ello a las obreras que pueden proceder a alimentarlas.

PECES CON INTERMITENTE INCORPORADO

Cuando, tras un día de ardiente calor, la noche se extiende sobre el desierto del Sinaí y los últimos reflejos del sol poniente se deslizan sobre las limpias aguas del mar Rojo, las formas y los colores de la imponente cordillera del Rif, que se alza cerca de la costa, van difuminándose lentamente hasta desaparecer casi por completo. Pero... ¿qué es aquella luz que parece brillar allá abajo, en las profundidades del mar? ¿Será acaso la luz de la linterna

---

* *Ocypode ceratophthalma.*

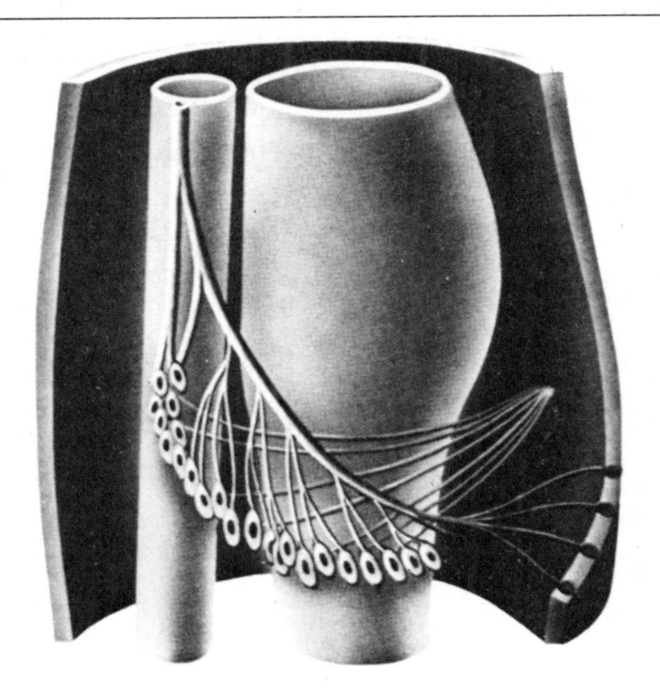

Fig. 2-6. Órgano vibratorio de la cucaracha. En primer lugar aparecen la membrana y los nervios. Detrás pueden verse los conductos traqueales. De los dos órganos sensoriales restantes, uno registra las variaciones en la tensión de la piel quitinosa (en último plano).

de algún buceador nocturno? ¿O el flash de un fotógrafo submarino? El fenómeno se repite todos los días hasta bien entrada la noche.

Varios biólogos marinos y, en especial, el investigador norteamericano J. W. Hastings y sus colaboradores, trataron de desvelar el misterio. Sus esfuerzos se vieron coronados por el éxito al descubrir la fuente de esa extraña luz. Se trata en realidad de un pez que durante el día pasa totalmente inadvertido y es un habitante más de las aguas que bordean al Rif. Debajo del ojo posee un órgano luminoso que alberga bacterias luminiscentes que emiten luz de forma ininterrumpida*.

Cuando el pez cubre el órgano con su piel de color negro a modo de cortina, la luz no sale al exterior. De este modo, corriendo y descorriendo la "cortina", emite destellos intermitentes de 0,2 segundos de duración, más o menos el tiempo que los seres humanos tardamos en parpadear. En el ámbito lingüístico anglosajón este pez se conoce, acertadamente, con el nombre de "pez linterna"**. ¿Con qué intervalo emite los destellos? Aunque este dato es muy variable, a menudo lo hace cada dos segundos. Sin embargo, cuando está excitado la frecuencia aumenta hasta cincuenta destellos por minuto, es decir, casi uno por segundo. ¿Para qué utiliza este órgano? En opinión de Hastings, para atraer a posibles presas, del mismo modo que los pescadores del Mediterráneo utilizan focos muy potentes, que fijan a la borda del barco, para deslumbrar a los peces y poderlos capturar más fácilmente. La luz que emite esta especie de faro viviente es lo suficientemente fuerte como para distinguir las presas que han caído en la trampa o iluminar los alrededores para descubrir a tiempo a eventuales enemigos. Tal como han comprobado los observadores, este pez se las ingenia muy bien para confundir a sus perseguidores: con movimientos lentos va nadando en zigzag con la luz encendida hasta que, de repente, ésta se apaga, momento que aprovecha para huir a toda velocidad en dirección contraria. Con esta operación, que repite varias veces, desconcierta por completo a sus enemigos. Cuando dos peces se encuentran en la oscuridad emiten destellos mucho más rápidos.

---

* La capacidad de los animales para producir luz se conoce con el nombre de bioluminiscencia.

** *Photoblepharon palpebratus*.

¿Utilizarán también el órgano luminoso como medio de comunicación? Para comprobarlo, un colaborador de Hastings construyó un señuelo y emitió los destellos con ayuda de una linterna de bolsillo. Los peces reaccionaron a las señales de su congénere artificial, pero cada vez que el investigador modifica ligeramente las señales, huían despavoridos en todas direcciones. En otros casos, en cambio, se reunían para constituir un grupo compacto. Todo parece indicar que estos peces envían señales de alarma a sus congéneres mediante algún tipo de lenguaje óptico. Los investigadores están tratando todavía de verificar esta hipótesis y otras relacionadas con el intercambio de señales y su posible significado.

Aunque podríamos citar centenares de ejemplos sobre cómo se comunican los animales, vamos a detenernos en este punto. Los casos ilustrados hasta ahora ponen claramente de manifiesto que los animales disponen de múltiples recursos —olores, sonidos, vibraciones, destellos luminosos— para comunicarse con otros miembros de su especie y que las señales emitidas son recogidas por órganos especiales que actúan a modo de receptores.

En el capítulo siguiente vamos a estudiar con más detenimiento las características de tales "estaciones receptoras" y cómo son transmitidas las señales captadas hasta el cerebro, que es la "central" donde son descifradas y desde donde se imparten las órdenes pertinentes.

Los nervios actúan a modo de cable de unión entre el receptor y la central, es decir, el cerebro, y a través de ellos se transmiten las señales procedentes del entorno del animal. ¿Cómo se lleva a cabo dicha transmisión?

3. Los sentidos informan, los nervios transmiten

En el año 1791, el médico y naturalista italiano Luigi Galvani* descubrió en sus experimentos con ranas que entre los procesos eléctricos y los que ocurrían en los nervios existía una relación evidente. Sin embargo, todavía tuvieron que pasar muchos años hasta que en el siglo XX el progreso de la técnica hizo posible el desarrollo de aparatos que, como el oscilógrafo de rayos catódicos combinado con un amplificador potente, permitieron medir las débiles y variables corrientes eléctricas de los nervios.

LA ELECTRÓNICA EN EL LABORATORIO

El oscilógrafo de rayos catódicos es parecido a un tubo de televisión. Un haz de electrones generado en el cátodo atraviesa el ánodo a través de un orificio y, una vez concentrado, prosigue su recorrido hasta chocar con la pantalla fluorescente, visualizándose en forma de mancha luminosa. Al aplicar una tensión a las placas de desviación existentes en el tubo se origina un campo eléctrico

---

* Luigi Galvani (1737-1798) fue un médico italiano que enseñó también en la Universidad de Bolonia.

que desvía el haz catódico. Las desviaciones pueden ser horizontales o verticales, según la placa que las origine. A las placas de desviación horizontal se aplica una tensión "en diente de sierra" que va aumentando uniformemente y que al llegar al punto máximo retorna a cero antes de comenzar a subir de nuevo.

Como consecuencia de esta desviación el punto luminoso se desplaza desde el borde izquierdo hacia el borde derecho de la pantalla, reflejando en su recorrido el aumento de la tensión. Cuando ésta vuelve a cero, el punto regresa al margen izquierdo e inicia otra vez el proceso. La tensión que se desea medir y observar se aplica a las placas de desviación vertical, las cuales desplazan el haz catódico hacia arriba o hacia abajo. El punto luminoso dibuja entonces en la pantalla una serie de curvas que reflejan tanto la desviación horizontal como la vertical (fig. 3-1).

Las tensiones a medir han de tener una intensidad de, al menos, varios voltios, por lo que en el caso de las débiles corrientes nerviosas es preciso recurrir a un amplificador. A diferencia de lo que ocurre con los aparatos de medida más sensibles, la desviación del haz de electrones no se ve afectada por la inercia. Estos espectaculares avances en el campo de la electrotecnia y la electrónica han permitido conocer la auténtica función de los nervios y los procesos que se desarrollan en ellos.

Para captar y desviar las corrientes nerviosas se utilizan electrodos, los cuales pueden consistir en simples agujas de acero. La figura 3-3 reproduce el esquema de conexiones de un aparato electrofisiológico análogo a los que se utilizan en este tipo de investigaciones. En la realidad, sin embargo, las cosas son algo más complicadas. Por ejem-

Fig. 3-1. *Arriba:* Tubo de rayos catódicos. Podrá encontrarse más información al respecto en la página 45. *Centro:* Variaciones de la tensión. Más información en el texto, página 49. *Abajo:* Preparación del ensayo para medir el potencial de reposo. ▶

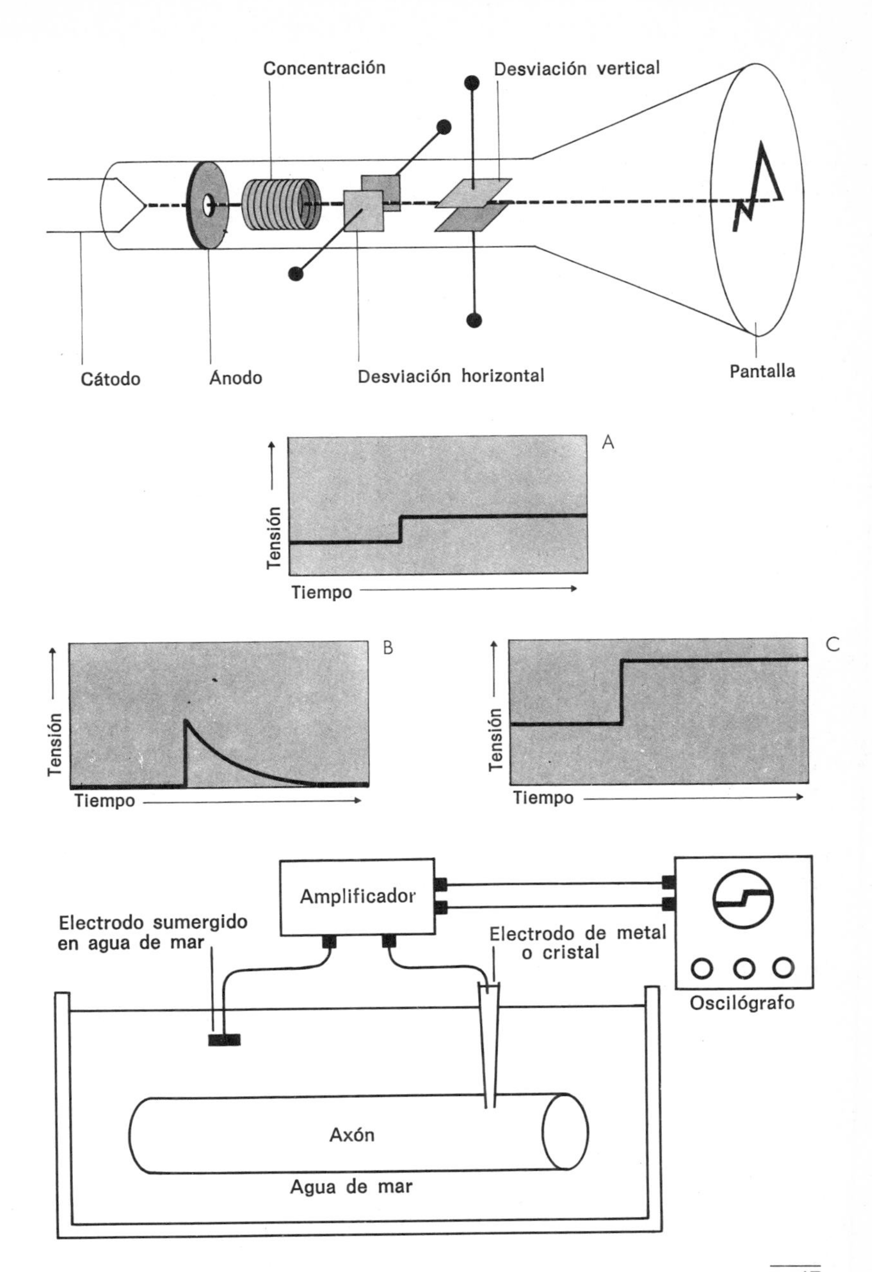
Concentración
Desviación vertical
Cátodo
Ánodo
Desviación horizontal
Pantalla
A
Tensión
Tiempo
B
Tensión
Tiempo
C
Tensión
Tiempo
Amplificador
Electrodo sumergido en agua de mar
Electrodo de metal o cristal
Oscilógrafo
Axón
Agua de mar

plo, entre los electrodos y el amplificador debe fluir una corriente imperceptible, pues, de lo contrario, las tensiones originadas en los nervios se verían inmediatamente modificadas e incluso podrían llegar a interrumpirse. Por ello es necesario utilizar un amplificador con una resistencia de entrada alta*, lo que también tiene sus inconvenientes, pues los electrodos actúan entonces a modo de antena y captan también todas las perturbaciones. Como el amplificador no diferencia las perturbaciones de la tensión procedente del nervio, puede suceder que esta última resulte imposible de identificar. Para eliminar las perturbaciones hay que proteger el aparato y las conducciones con una jaula de Faraday**, que, como su nombre indica, consiste en una construcción de alambre conectado a tierra en forma de retícula. El empleo de dos tipos de amplificadores plantea otro problema. Como es sabido, existen amplificadores de tensión continua y de tensión alterna. Los primeros amplifican de manera totalmente regular, registrando todo el recorrido de la curva. Los segundos, en cambio, sólo amplifican las tensiones que presentan variaciones rápidas, haciendo caso omiso de las tensiones regulares y, en consecuencia, las curvas resultan distorsionadas, por lo que sólo es posible sacar conclusiones indirectas. Probablemente, algún lector se preguntará por qué se utilizan entonces amplificadores de tensión alterna. La explicación es muy sencilla: por un lado son mucho más baratos y por otro, más fáciles de manejar.

Los electrodos plantean también problemas adicionales. Si se utilizan cables metálicos finos, las tensiones que se originan al sumergirlos en soluciones salinas son demasiado débiles. Todos los fluidos orgánicos son, sin embar-

---

* La resistencia de entrada ha de ser, como mínimo, 1 MΩ (megaohmio) = 10^6 Ω (ohmios).

** La jaula de Faraday, llamada así en honor del físico y químico británico Michael Faraday (1791-1867), protege lo que hay en su interior contra los campos eléctricos.

go, soluciones salinas y, por tanto, si se utilizan electrodos metálicos, las tensiones serán inevitablemente débiles, lo que podría falsear los resultados de la medición. Para soslayar este problema, los electrodos metálicos se usan en combinación con rectificadores de tensión alterna. Como ya se ha apuntado anteriormente, estos amplificadores reaccionan únicamente ante variaciones de la tensión y, por consiguiente, no registran la tensión básica uniforme.

Con los amplificadores de tensión continua sólo pueden usarse electrodos no polarizables, es decir, incapaces de provocar una tensión por sí solos. A este tipo pertenecen, por ejemplo, los hilos de plata, que están revestidos por una capa de cloruro de plata. No obstante, los electrodos más finos no son de metal. Dado que las soluciones salinas transmiten también la corriente eléctrica, tubos capilares de cristal llenos con una solución de este tipo pueden utilizarse perfectamente como electrodos.

LOS PRIMEROS ENSAYOS

Para familiarizarnos con los aparatos que normalmente se usan en los estudios electrofisiológicos y que vamos a ver en algunas de las experiencias que a continuación se describen, necesitaremos una fibra nerviosa corriente o axón. Busquemos, por tanto, una que sea lo suficientemente gruesa como para poder manejarla sin problemas. De todos los animales, es el calamar el que presenta las fibras nerviosas más gruesas, hasta 0,5 milímetros, a pesar de su tamaño relativamente pequeño. Para el primer experimento sólo necesitaremos un fragmento de la misma. Primero sumergimos el fragmento de fibra nerviosa en agua de mar. Como electrodos vamos a utilizar un capilar de cristal lleno de una solución de cloruro potásico concentrado, lo que le convierte en conductor, y un electrodo no polarizable. Por la abertura superior del capilar introducimos un hilo de plata para convertirlo en no polarizable.

Acto seguido introducimos ambos electrodos en el agua de mar. Tal como era de esperar, el oscilógrafo no refleja ninguna diferencia de tensión. Con ayuda de un micromanipulador* insertamos el electrodo de cristal en la fibra nerviosa; inmediatamente, el oscilógrafo registra una tensión de 50 a 90 milivoltios**, que se mantiene estable mientras el electrodo permanece inserto en la fibra nerviosa, lo que significa que la parte interior tiene carga negativa y la exterior, positiva. Esta diferencia de tensión recibe el nombre de "potencial de reposo". ¿Cómo se produce?

En el interior de la fibra existen iones de potasio positivos y iones*** orgánicos negativos y en el medio que la rodea, iones de sodio positivos y iones cloruro negativos, es decir, los diferentes iones están distribuidos irregularmente en el interior y exterior de la fibra nerviosa. ¿A qué obedece semejante irregularidad?

Las membranas son, expresado de forma simple, similares a cedazos. Los iones pasan de un lado a otro a través de los poros, creando así una concentración equilibrada entre el interior y el exterior. De este modo, si los poros lo permitieran, en seguida habría el mismo número de iones de sodio, de potasio, de cloruros y iones orgánicos a ambos lados de la membrana.

La membrana de las fibras nerviosas no es igualmente permeable a todos los iones; el potasio y los cloruros la atraviesan con más facilidad que el sodio y los iones orgánicos. No obstante, al cabo de algún tiempo tendría que llegarse a un cierto equilibrio. Esta membrana posee una peculiaridad que hace imposible ese equilibrio. Los iones de sodio que tienden a penetrar en el interior, invariablemente son impulsados al exterior y los de potasio que in-

---

* Un micromanipulador es un aparato que, combinado con el microscopio, permite realizar movimientos precisos y a escala muy reducida.

** 1 milivoltio = 1/1.000 de voltio.

*** Los iones son partículas dotadas de carga eléctrica formadas a partir de átomos o moléculas de carga neutra como consecuencia de la pérdida o ganancia de electrones.

tentan salir al exterior, invariablemente devueltos al interior. Esta capacidad transportadora es comparable a una "bomba", a pesar de que el término no es demasiado correcto, ya que no existe ningún mecanismo que actúe como tal. La propia membrana es la que "bombea", es decir, realiza un trabajo activo durante el cual consume energía, según ha podido comprobarse.

En resumen, en posición de reposo la superficie exterior de una fibra nerviosa presenta carga positiva y la interior, negativa. La diferencia mensurable, de aproximadamente 70 milivoltios, se denomina "potencial de reposo" y se origina por el transporte activo de los iones a cargo de la membrana, lo que favorece una distribución irregular de los mismos en el interior y exterior de la fibra (bomba de sodio-potasio). Como consecuencia los iones sodio y cloruro se acumulan en el exterior y los orgánicos y el potasio lo hacen en el interior.

La membrana de la fibra nerviosa es más permeable al potasio y al cloruro que al sodio y a los iones orgánicos y, por ello, parte del potasio emigra al exterior y parte de los cloruros al interior, lo que, a su vez, origina un exceso de carga positiva en la superficie externa y un exceso de carga negativa en la interna. Las fibras nerviosas pueden compararse por tanto con una pila de linterna.

Simplificando las cosas aún más, podríamos decir que la membrana es, en última instancia, la responsable de la irregular distribución de los iones, tanto desde una vertiente "activa", consecuencia de su actividad transportadora, como "pasiva" debido a su diferente permeabilidad.

Observemos a continuación la membrana con más detenimiento. En realidad se trata de un tejido sumamente fino de tan sólo 8 millonésimas de milímetro de grosor. Consta de una doble capa de moléculas de lipoproteínas que presentan agujeros diminutos de aproximadamente 2 diezmillonésimas de milímetro de diámetro.

Estos agujeros, que semejan estrechos canales, son tan pequeños que sólo pueden ser atravesados por los iones potasio, cuyo revestimiento hídrico* es lo suficientemente fino para ello. Los iones sodio, sin embargo, poseen un revestimiento mayor y, por tanto, no pueden pasar por la intrincada red de canales. Incluso los iones potasio necesitan disponerse a menudo en una simple fila o, como mucho, en grupos de dos o de tres para poder pasar por ellos. Lo lógico sería que, con el tiempo, los iones sodio lograran abrirse camino en dirección contraria, esto es, de fuera adentro, a fin de restablecer el equilibrio. Sin embargo, esto sucede únicamente en las fibras necrosadas o intoxicadas. En tales casos, el potencial de reposo desciende a cero.

En la célula viva, en cambio, los iones sodio que logran infiltrarse son expulsados (bomba de sodio) y los de potasio que intentan migrar al exterior, devueltos a su lugar (bomba de potasio). El transporte activo consume energía y para conseguirla es imprescindible disponer de oxígeno. Por este motivo, si a un nervio no se le suministra oxígeno en cantidad suficiente, no puede mantener su potencial de reposo.

ASÍ SE EXCITA UN NERVIO

Ampliemos ahora la experiencia que nos ha permitido descubrir el potencial de reposo de las fibras nerviosas. A la vez que insertamos un segundo electrodo capilar cerca del primero, sumergimos otro en el agua de mar. Estos dos nuevos electrodos no están conectados al amplificador, pero, si queremos, podemos conectarlos a cualquier fuente que produzca una corriente continua débil. Al apli-

---

* Los iones disueltos en el agua se rodean de una capa hídrica porque su carga eléctrica atrae a la molécula de agua. Los iones pequeños, como Na^+, tienen mayor poder de atracción y, en consecuencia, se revisten de una envoltura más gruesa que otros iones mayores, como K^+.

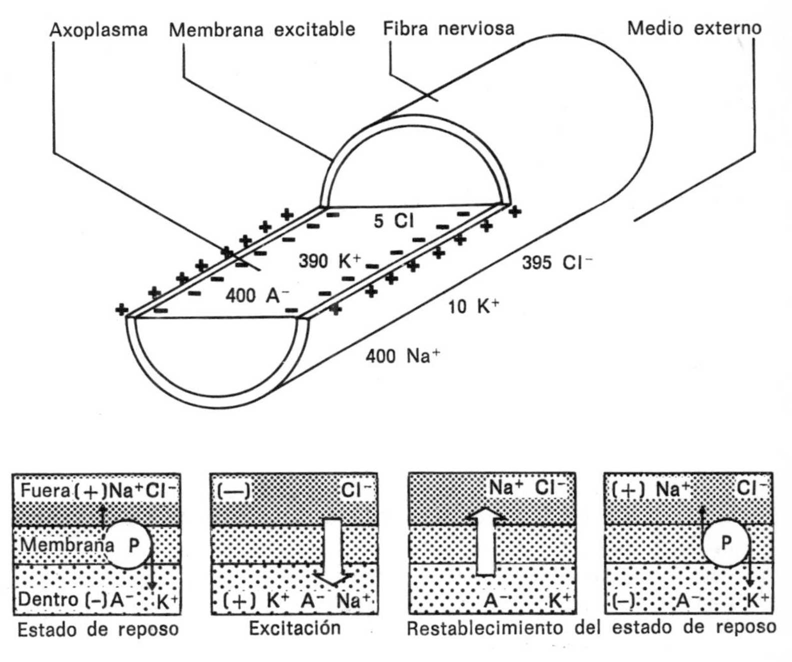

Fig. 3-2. Teoría iónica de la excitación nerviosa: distribución de los iones responsables del potencial de reposo. Restablecimiento del potencial de reposo tras un potencial de acción a cargo de la bomba de iones.

car a dichos electrodos una corriente de algunos milivoltios, comprobaremos que el potencial de reposo registrado por el oscilógrafo desciende hasta aproximarse a la línea del cero.

Cuanto más alta sea la tensión, más bruscamente descenderá el potencial de reposo. Cuando ésta llega a los 60 milivoltios, la pantalla del oscilógrafo reproduce literalmente un corto circuito. El punto luminoso sube bruscamente y luego retorna al valor normal del potencial de

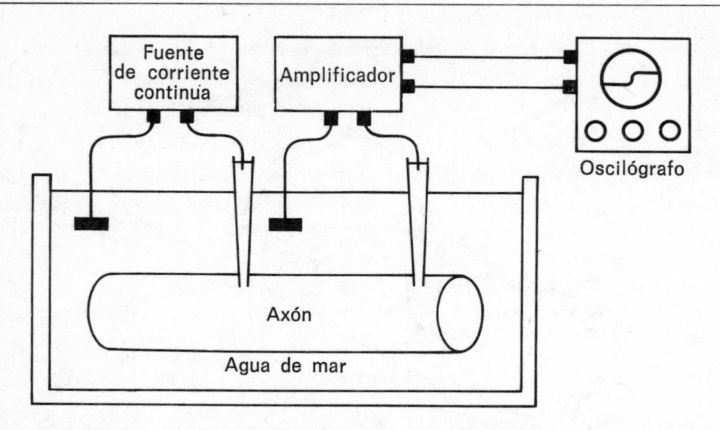

Fig. 3-3. Esquema de conexiones con un segundo par de electrodos.

reposo. Este salto brusco y breve se conoce como "potencial de acción" o *spike**.

En la pantalla todos los impulsos tienen la misma altura, con independencia de la intensidad de la corriente que los haya originado. El aspecto decisivo es que la tensión ha llegado al umbral de los 60 milivoltios. Tan pronto como se alcanza este valor, se produce un potencial de acción cuya amplitud** es siempre la misma.

En realidad sucede lo mismo que con un timbre. Si lo pulsamos con demasiada suavidad no suena porque no se ha traspasado su valor de umbral. Sin embargo, si al ejercer una presión ligeramente mayor se supera dicho umbral, el timbre comienza a sonar al instante. Ahora bien: por muy fuerte que lo pulsemos, no conseguiremos que suene más alto. Tanto el timbre como el potencial de acción de las fibras nerviosas siguen la ley del todo o nada.

* *Spike* es una palabra inglesa que significa púa o punta.

** Amplitud: espacio, dilatación.

¿Cómo se originan estos potenciales y cuál es su función? Los investigadores Alan Lloyd Hodgkin y Andrew Fielding Huxley comprobaron que al disminuir el potencial de reposo mejora la permeabilidad de la membrana para los iones sodio, pero si no se alcanza el valor umbral, dicha permeabilidad sigue siendo inferior que la de los iones potasio. Tan sólo cuando se sobrepasa el umbral, se invierten los términos, lo que significa que el número de iones sodio que penetra en el interior es mayor que el de iones potasio que salen al exterior. De esta forma se reduce el desequilibrio iónico y, en consecuencia, disminuye también la tensión entre el interior y el exterior.

Cuanto menor es la tensión, mayor es la permeabilidad para los iones sodio, que, por fin, pueden penetrar en el interior de la fibra nerviosa con una facilidad 500 veces mayor que antes y circular por ella sin bloquear los canales. Estas partículas determinan que el interior se haga positivo y el exterior, negativo. La afluencia de iones sodio no sólo provoca un corto circuito, sino también un cambio en la carga de la membrana, lo que se conoce como

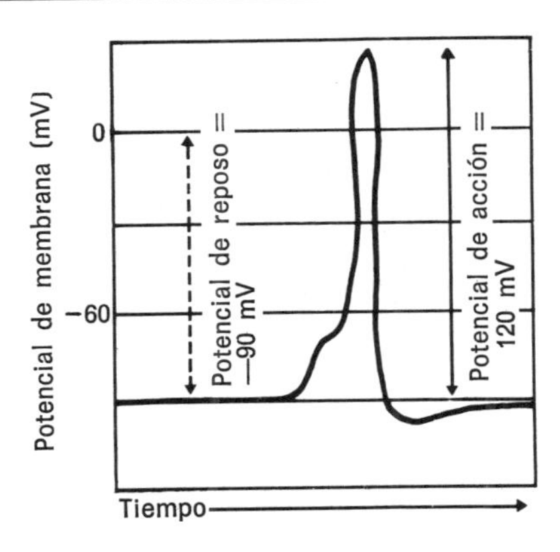

Fig. 3-4. Potencial de reposo y de acción. Más información en el texto, página 50.

"cambio de polaridad". Al cabo de muy poco tiempo comienza a disminuir la entrada de iones sodio, pues la permeabilidad de la membrana sólo se mantiene durante uno o dos milisegundos.

Durante este intervalo aumenta también la permeabilidad para los iones potasio y se mantiene incluso más tiempo que para los iones sodio. Al ocupar la parte exterior de la membrana, los iones potasio restablecen el potencial de reposo, fenómeno que se designa como "repolarización". El potencial de acción en sí no dura más de una milésima de segundo. Los investigadores descubrieron por casualidad que la afluencia de iones sodio a las fibras nerviosas provoca potenciales de acción mientras estudiaban la acción de un veneno especialmente fuerte.

Para los japoneses, el diodon o pez erizo *(fugu)* constituye un bocado exquisito a pesar de que sus entrañas y, en especial la vesícula biliar, contienen un veneno tres veces más potente que el de la cobra. La carne en sí no es

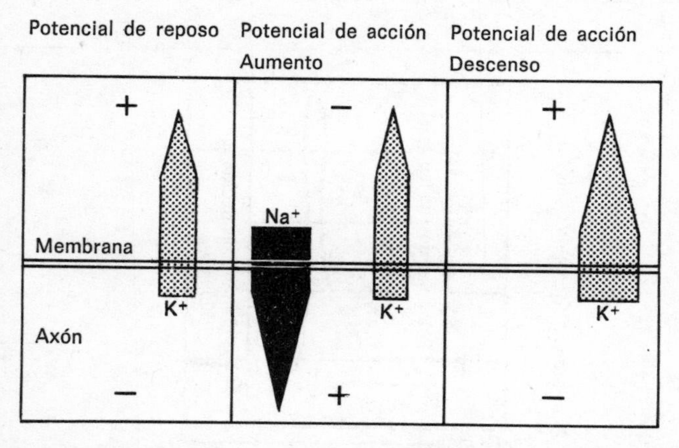

Fig. 3-5. Afluencia de iones en un potencial de reposo y en un potencial de acción. El grosor de las flechas indica la cantidad de iones que traspasan la membrana.

tóxica y, según dicen los gastrónomos, tiene un sabor exquisito. Si el pez no se limpia y se lava cuidadosamente antes de prepararlo o si el contenido de la vesícula impregna la carne, aunque sea mínimamente, su ingestión provoca sin remedio la muerte de la persona que lo ha consumido. El veneno paraliza los músculos respiratorios y la persona envenenada muere por asfixia. Tras muchas experiencias se ha descubierto que el veneno del diodon, la tetraodotoxina, bloquea la entrada de iones sodio en las fibras nerviosas.

Sorprendentemente, los caracoles comunes son insensibles al veneno del *fugu* y ello se debe simplemente a que sus fibras nerviosas no contienen iones sodio, sino sólo iones potasio. Como la tetraodotoxina es fundamentalmente una sustancia inhibidora de los iones sodio, no afecta en absoluto a los iones potasio del caracol.

OBSERVACIONES ACLARATORIAS

En las experiencias llevadas a cabo con fibras nerviosas comprobamos en seguida que los potenciales de acción no pueden desencadenarse de forma continuada, sino que cada uno de ellos va seguido necesariamente de un potencial de reposo. El período durante el cual la fibra nerviosa no es excitable se denomina “tiempo de refracción”.

Seguramente en las explicaciones anteriores habrá quedado algún punto que quizá requiera una breve aclaración adicional. Más de un lector se preguntará cómo atraviesan la membrana los iones sodio. De acuerdo con nuestra anterior descripción del potencial de reposo, los canales de la membrana sólo permiten el paso a los pequeños iones de potasio; los de sodio, algo mayores, permanecen en el exterior al no existir ninguna vía de acceso adecuada a su tamaño. Durante el potencial de acción, en cambio, los iones sodio penetran en el interior de la membrana mientras que los de potasio permanecen en su lugar.

Esta explicación no es muy convincente. Si los "agujeros" de la membrana se ensancharan realmente, ambas clases de iones tendrían que atravesarla, ya que, según todos los indicios, es como si éstos estuvieran permanentemente a la espera de una oportunidad para pasar al otro lado, es decir, a la vez que los iones sodio penetran en el interior, los de potasio deberían salir al exterior. Este supuesto misterio ha planteado a los investigadores muchos quebraderos de cabeza. Al parecer, los iones sodio no atraviesan la membrana impulsados por su propia fuerza, sino que son transportados por unas moléculas especiales.

Durante el potencial de reposo, dichas moléculas se aprestan para cumplir la misión que les ha sido encomendada. Tan pronto como se desencadena el potencial de acción, llevan a los iones sodio al otro lado de la membrana, donde los depositan. Tras un "período de recuperación" pueden ser activadas de nuevo. Cuando se alcanza el punto máximo de la despolarización, todas las moléculas transportadoras "desfallecen", por utilizar una imagen gráfica, con lo que los iones de sodio carecen de medio de transporte para regresar al exterior.

Esta teoría explicaría también por qué las fibras nerviosas se vuelven refractarias, es decir, no pueden ser excitadas durante este período. Cuando recuperan su potencial de reposo, ya hay nuevas moléculas dispuestas a transportar iones sodio, requisito indispensable para que pueda producirse un nuevo potencial de acción. Esta hipótesis es todavía una mera suposición que investigaciones ulteriores se encargarán de confirmar o de refutar.

CONDUCCIÓN DE LA EXCITACIÓN

Volvamos a los potenciales de acción. ¿Para qué sirven en realidad? ¿Qué se consigue con ellos? También en

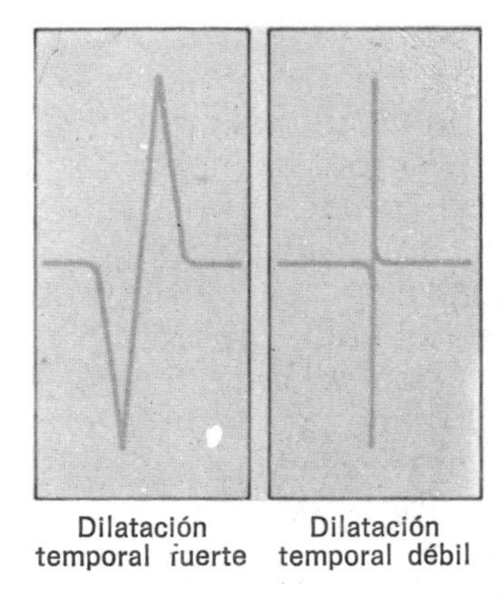

Fig. 3-6. Potenciales de acción en la pantalla.

este caso recurriremos a un experimento para tratar de hallar la respuesta.

Nuevamente necesitamos un fragmento de fibra nerviosa "gigante", pero en lugar de insertar en ella los electrodos, los colocamos en las proximidades y los conectamos al amplificador y al oscilógrafo. En el extremo de la fibra fijamos un tercer electrodo —insertándolo o sujetándolo por cualquier otro medio— que, a su vez, conectaremos a una fuente de corriente continua. Con ayuda de este último electrodo vamos a excitar el nervio hasta traspasar el valor umbral y provocar un potencial de acción.

La imagen que aparece en la pantalla del oscilógrafo reproduce el potencial de acción que ha recorrido toda la fibra. El salto inferior se produjo cuando el primer electrodo registró un potencial de acción; cuando la onda ya ha pasado el primer electrodo pero no ha llegado todavía al segundo, la curva vuelve a cero.

Tan pronto como el potencial de acción llega al segundo electrodo, el oscilógrafo dibuja un salto hacia arriba porque el electrodo izquierdo ha recuperado la carga positiva y el derecho, la negativa. ¿Cómo se propaga un potencial de acción?

Cuando en un punto de la fibra nerviosa se origina un potencial de acción, los puntos limítrofes de carga positiva y negativa entran en contacto, originándose corrientes de compensación cuya intensidad, aunque no muy alta, es suficiente para situar el potencial de reposo de las zonas vecinas por debajo del valor umbral, lo que desencadena también en ellas un potencial de acción. El proceso se va propagando así a lo largo de toda la fibra.

En las condiciones artificiales de nuestro experimento la excitación de la fibra nerviosa se difunde de manera uniforme en ambas direcciones. En condiciones naturales, sin embargo, esto no ocurre así, ya que la excitación parte siempre de un extremo de la fibra, pero como los puntos excitados se vuelven refractarios durante un breve período de tiempo, la excitación en esa dirección queda bloqueada. La transmisión del potencial de acción puede compararse perfectamente con un "corto circuito itinerante". La intensidad del impulso es siempre la misma (también aquí rige la ley del todo o nada), lo que representa una importante ventaja, entre otras cosas porque así se evita que los potenciales de acción se debiliten en su recorrido. Ya sabemos algo más: que la conducción de las excitaciones se produce a través de una sucesión de potenciales de acción.

Ahora comprendemos también por qué la comparación de los nervios con conductores o cables eléctricos no es del todo exacta en muchos aspectos. El cable conduce la corriente eléctrica a la velocidad de la luz*. En el nervio, en cambio, la velocidad es considerablemente inferior, pues depende de la rapidez con que se suceden los potenciales de acción. Las velocidades medidas en los

* La velocidad de la luz es, aproximadamente, de 300.000 km por segundo.

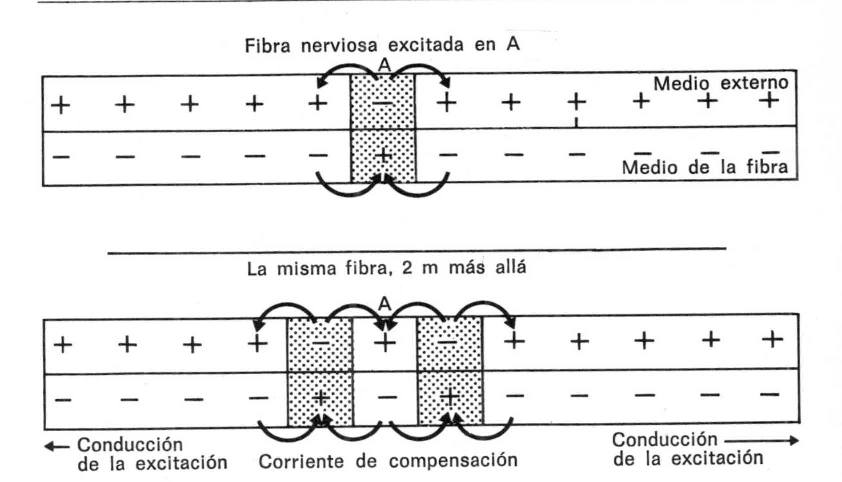

Fig. 3-7. Propagación de un potencial de acción. Las flechas representan las corrientes de compensación.

nervios son "únicamente" de algunos metros por segundo. Sin embargo, la intensidad de la transmisión se mantiene estable, mientras que en el caso de la corriente eléctrica que recorre el cable, ésta disminuye progresivamente. La conducción de la corriente a través del cable es un proceso puramente eléctrico, mientras que la transmisión de la excitación nerviosa es un proceso fundamentalmente químico en el que intervienen también fenómenos eléctricos.

Resumiendo: Cuando la tensión de reposo desciende por debajo del valor umbral, se produce un potencial de acción durante el cual la afluencia masiva de iones sodio origina un cambio de polarización de la fibra nerviosa. Este proceso se rige por la ley de todo o nada. Tras cada potencial de acción la fibra nerviosa se vuelve refractaria momentáneamente hasta que recupera el potencial de reposo. Las corrientes de compensación difunden el poten-

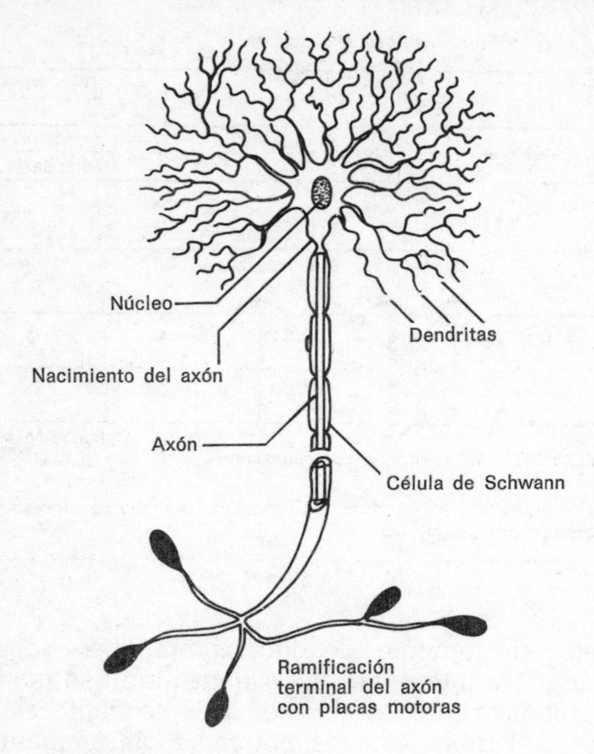

Fig. 3-8. Célula nerviosa con sus prolongaciones.

cial de acción a las zonas vecinas. La conducción de las excitaciones en el nervio es, por tanto, una sucesión de potenciales de acción.

A continuación vamos a observar una fibra nerviosa al microscopio. Aunque es posible que de momento no veamos nada especial, con un poco de paciencia quizá descubramos la célula de la que nace nuestra fibra, así como otras muchas prolongaciones. Las más cortas y ramificadas se denominan “dendritas”*. La fibra nerviosa que hemos estudiado hasta el momento es mucho más larga que las dendritas, no presenta ramificaciones y recibe el nombre de axón. El cuerpo celular, donde se distingue perfectamente el núcleo, junto con las dendritas y neuritas constituyen la célula nerviosa o neurona.

Si analizamos los axones de los vertebrados comprobaremos que no son completamente lisos, como ocurre en las gigantescas fibras nerviosas del calamar, sino que a menudo están recubiertos por otras células que, en honor a su descubridor, se conocen con el nombre de “células de Schwann”**.

El axón propiamente dicho está protegido por una vaina de mielina o vaina de Schwann, que en realidad constituye una envoltura gruesa de varias capas formada por células de Schwann. En los cortes transversales se distinguen muy bien las diferentes capas de la membrana plasmática de dichas células. Como los axones pueden tener una longitud considerable, una sola célula no basta para envolverla por completo; de ahí que la vaina esté formada por multitud de células. El punto de unión entre dos células de Schwann está marcado por una depresión que recibe el nombre de nódulo de Ranvier***. Según estén protegidas o no por la vaina de mielina las fibras nerviosas se denominan “mielínicas” o “amielínicas”, respectivamente; las primeras conducen los estímulos a una velocidad mucho mayor que las segundas. Mientras que en los axones amielínicos se han registrado velocidades que oscilan entre algunos centímetros y los 25 metros por segundo, en las mielínicas se alcanzan velocidades de hasta 120 metros por segundo.

---

* Dendritas: prolongaciones ramificadas de forma arborescente.

** Las células de Schwann se llaman así en recuerdo del naturalista alemán Theodor Schwann (1810-1882).

** Los nódulos de Ranvier se denominan así en recuerdo del naturalista francés Louis Antoine Ranvier (1835-1922).

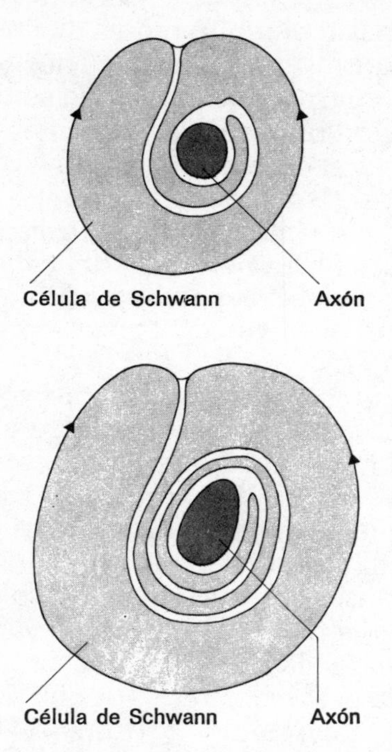

Fig. 3-9. La vaina de mielina está formada por células de Schwann enrolladas en torno al axón.

En la vaina de los axones mielínicos no se ha detectado ningún potencial de acción cuando se produce la excitación, mientras que en los nódulos de Ranvier sí se han observado, por ser éste el único lugar donde puede llevarse a cabo el intercambio iónico. Las restantes zonas están literalmente aisladas del exterior por la vaina de mielina. Este aislamiento facilita, a su vez, la propagación de las corrientes de compensación de un nódulo a otro. Así pues, en los nervios mielínicos las excitaciones se transmiten a través de los potenciales de acción originados en los nódulos de Ranvier. La intervención de las corrientes de compensación como medio de propagación convierten el proceso en eléctrico, lo que confiere a éste una mayor velocidad. En la jerga científica se dice que la excitación salta de un nódulo a otro, hablándose por ello de "conducción nerviosa a saltos".

Además de su mayor rapidez, esta modalidad de conducción supone un importante ahorro energético, pues, como dijimos antes, tanto los potenciales de reposo como los de acción son procesos consumidores de energía. Al quedar reducidos a los nódulos, el consumo de energía disminuye notablemente.

TRANSMISIÓN DE LOS IMPULSOS

Sabemos ya lo que es un potencial de reposo y un potencial de acción y cómo se propaga éste a través de una fibra nerviosa. ¿Qué sucede con la excitación cuando ha recorrido una célula nerviosa? ¿Se extingue sin más o se transmite a otra célula?

Si proseguimos el estudio microscópico descubriremos que el axón termina en una serie de ramificaciones independientes rematadas por unos engrosamientos que contactan con el cuerpo o con las dendritas de otra neurona.

La zona de contacto entre dos células nerviosas, donde se lleva a cabo la transmisión de los impulsos, recibe el nombre de "sinapsis". Aunque aparentemente las plaquitas terminales están en contacto directo con las dendritas o con el cuerpo de otra neurona, entre aquéllas y la membrana existe siempre una pequeña separación, el "espacio sináptico". El número de sinapsis de una neurona determinada es muy variable y en ocasiones se producen auténticas saturaciones.

¿Cómo se transmiten los impulsos de las sinapsis a las neuronas? Los investigadores centraron primeramente su atención en las sinapsis existentes entre las fibras nerviosas

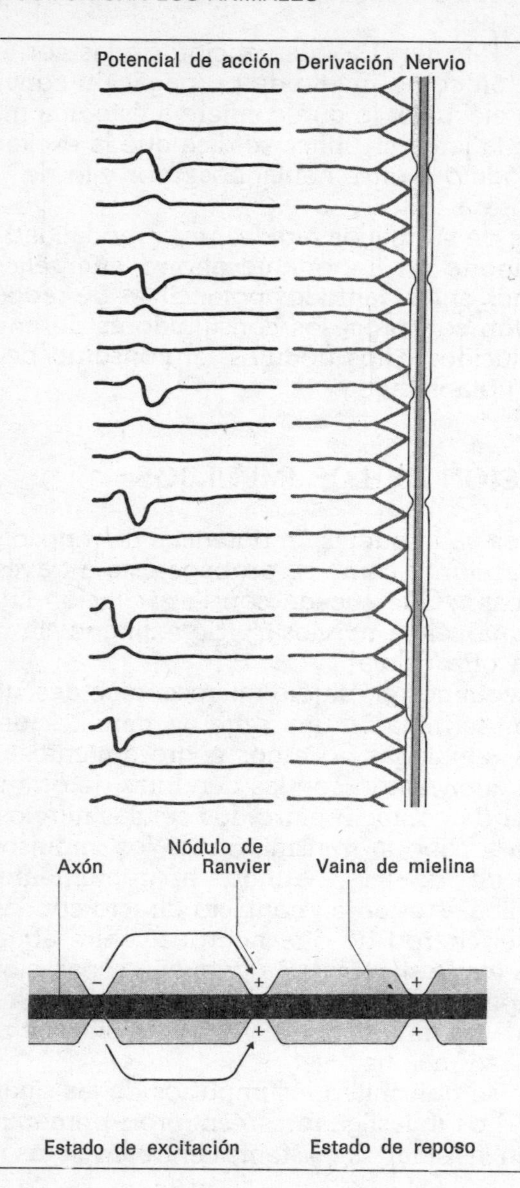
Potencial de acción
Derivación
Nervio
Axón
Nódulo de Ranvier
Vaina de mielina
Estado de excitación
Estado de reposo

y las fibras musculares, es decir, en las llamadas "placas motoras", que tan sólo se diferencian de las restantes sinapsis en su mayor tamaño. Estas placas contienen, a su vez, numerosas vesículas, y la membrana de la célula con la que están en contacto es considerablemente más gruesa en la zona de la sinapsis. Cuando un potencial de acción procedente del axón llega a una placa terminal, desciende el potencial de reposo de la fibra muscular subyacente y se desencadena en ella un potencial de acción totalmente normal que, al propagarse, induce la contracción del músculo.

Entre la excitación de la placa y la disminución de la tensión de reposo en la fibra muscular transcurre aproximadamente un milisegundo. Si el impulso se transmitiera a través de la separación de igual modo que a lo largo del axón, este proceso tendría que ser mucho más rápido, lo que elimina la posibilidad de una transmisión de tipo eléctrico. ¿Cómo se realiza entonces ésta? Cuando un músculo se excita repetidamente por la acción del nervio correspondiente, en la zona del espacio sináptico se comprueba la presencia de una sustancia química, identificada como acetilcolina. Si acercamos artificialmente esta sustancia a una placa motora, se desencadena un potencial. La acetilcolina* parece actuar, pues, como mediador químico en la transmisión.

Los científicos han descubierto también acetilcolina en el interior de las vesículas sinápticas, lo que les ha llevado

◀ **Fig. 3-10.** *Arriba:* Conducción de la excitación de los nervios mielínicos. Únicamente se aprecian auténticos potenciales de acción en los nódulos de Ranvier. *Abajo:* Conducción de la excitación en una fibra nerviosa. Las flechas representan las corrientes de compensación. Más información en el texto, página 64.

---

* La acetilcolina se origina en el organismo por esterificación de la colina con el ácido acético. Es un neurotransmisor y al pasar a la sangre actúa como vasodilatador e hipotensor.

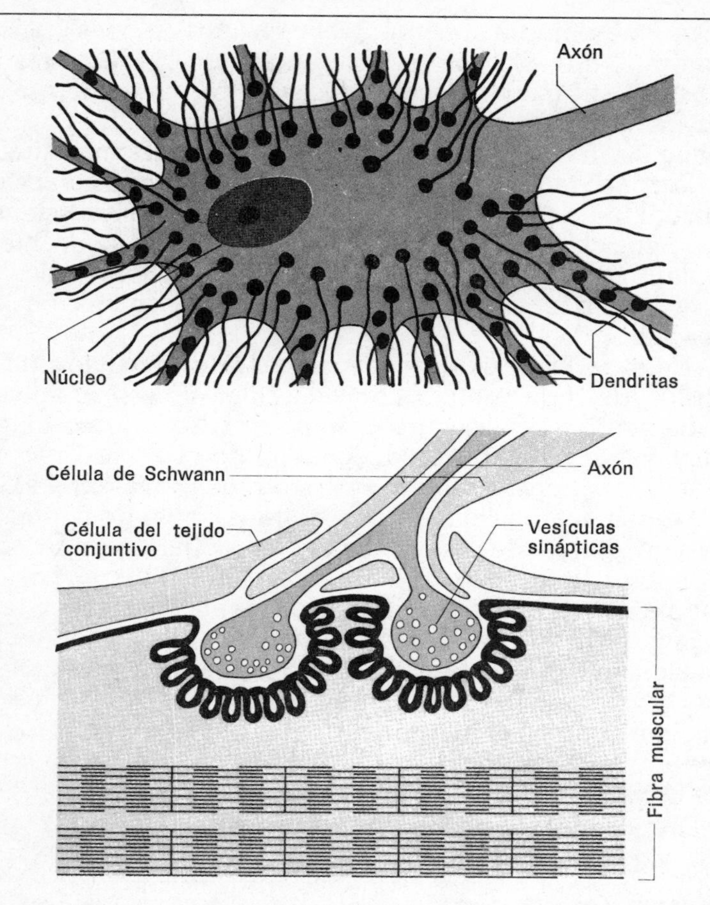

Fig. 3-11. *Arriba:* El cuerpo y las dendritas de una neurona se hallan cubiertos prácticamente por las placas terminales de otras células. *Abajo:* Placa motora entre el nervio y la fibra muscular, dibujado según una imagen observada al microscopio electrónico.

a formular la siguiente hipótesis: cuando un potencial de acción llega a la terminación nerviosa, libera la acetilcolina contenida en las vesículas sinápticas; esta sustancia se difunde entonces por el espacio sináptico y penetra en la fibra muscular, donde origina un potencial de acción. A continuación, un enzima escinde rápidamente la acetilcolina en ácido acético y colina, con lo que queda desactivada. Por su parte, el ácido acético y la colina retornan a la terminación nerviosa, donde son transformados de nuevo en acetilcolina, que queda almacenada en las vesículas sinápticas, cerrándose así el ciclo.

Las sinapsis existentes entre las células nerviosas funcionan exactamente igual que las que conectan una neurona con un músculo. Junto a la acetilcolina se han identificado también otros neurotransmisores como la noradrenalina, el ácido aminobutírico, etc. Como estas sustancias se forman únicamente en las placas terminales, el impulso sólo puede transmitirse en esa dirección, lo que confiere a las sinapsis una función rectificadora. Ésta es la razón de

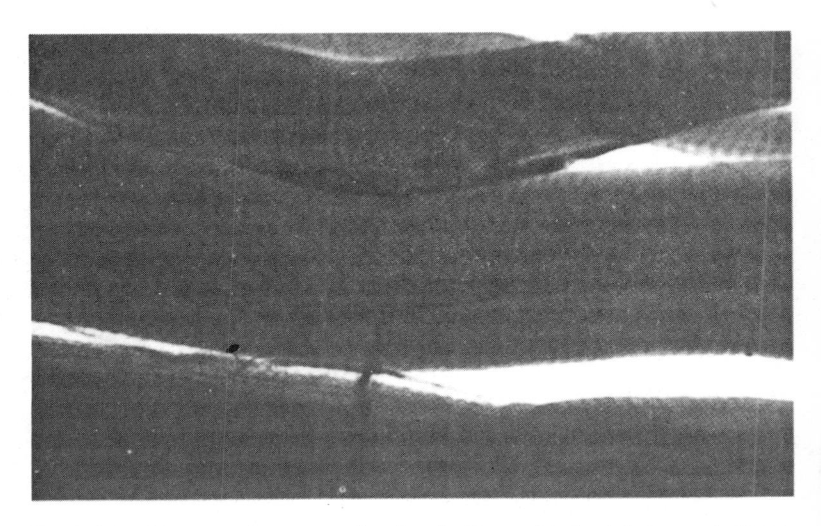

Fig. 3-12. Placas motoras en músculos de fibra estriada vistas con el microscopio óptico.

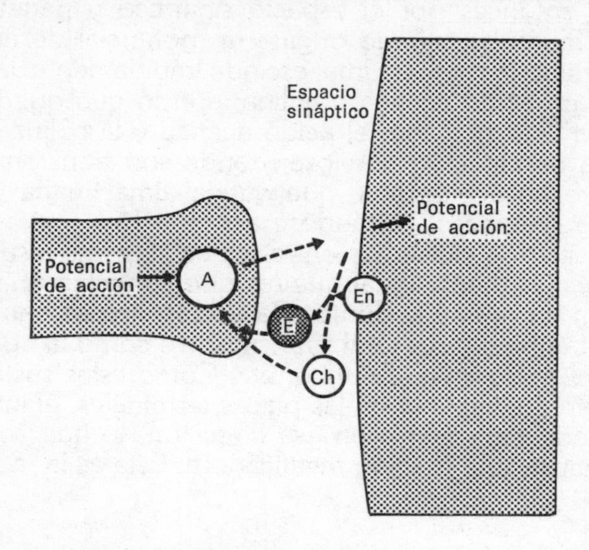

Fig. 3-13. Circuito de la acetilcolina. Podrá encontrarse más información en el texto, en la página 67.

que, aunque teóricamente los impulsos nerviosos pueden propagarse en ambas direcciones de un axón, siempre lo hagan solamente en una. La cantidad de acetilcolina que libera una sola sinapsis suele resultar insuficiente para provocar un potencial de acción en la célula nerviosa a la que transmite el impulso. Para ello se requiere la colaboración de varias sinapsis.

Junto a las sinapsis descritas, que se denominan "sinapsis excitadoras", existen otras inhibidoras, cuyas sustancias transmisoras elevan el potencial de reposo de la célula nerviosa, lo que, a su vez, dificulta la creación de un potencial de acción. Las numerosas sinapsis excitadoras e inhibidoras de una célula actúan, pues, como rivales. Dado que las inhibidoras anulan el efecto de las excitadoras, es preciso esperar el momento en que predomine el efecto excitador para provocar un potencial de acción. Las neuronas evalúan de una forma detallada la actuación de las sinapsis excitadoras e inhibidoras y por tanto conocen al instante si predomina el efecto de una u otras, motivo por el cual se las compara a veces con una calculadora en miniatura.

Determinados venenos modifican totalmente la actividad de las sinapsis. La estricnina, por ejemplo, que se encuentra en la nuez vómica, anula únicamente las sinapsis inhibidoras, dejando intactas las excitadoras. El sistema nervioso se ve así afectado por una fortísima corriente de excitación que provoca terribles calambres y contracciones musculares que llegan a hacer imposible la respiración. La persona o el animal que ha ingerido dicha sustancia muere entonces por asfixia. De modo muy similar actúa también la toxina del bacilo del tétanos.

Recapitulando, las sinapsis transmiten las excitaciones nerviosas de una célula a otra. La transmisión se realiza siempre en una dirección (efecto rectificador) y es favorecida por sustancias químicas.

LAS CÉLULAS SENSORIALES COMO RECEPTORAS DE ESTÍMULOS

En nuestro experimento hemos provocado artificialmente potenciales de acción en una fibra nerviosa con ayuda de electrodos. Ahora bien, ¿cómo se originan esos potenciales en la realidad? ¿Dónde se inician?

Los órganos sensoriales son los encargados de percibir los estímulos procedentes del entorno, como olores, sonidos o estímulos luminosos, como hemos visto en los ejemplos anteriores. Una vez recordado esto, estudiamos la antena de un insecto con más detenimiento.

Al igual que nuestra membrana pituitaria, la antena de un insecto posee también células sensoriales primarias.

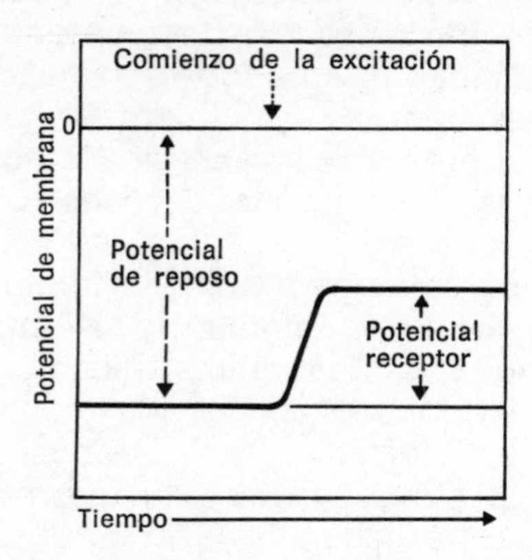

Fig. 3-14. Potencial de reposo y potencial receptor. Más información en el texto.

Con ayuda del microscopio insertamos un electrodo capilar no polarizable en una célula sensorial y otro en el tejido que la rodea. Previamente habremos conectado ambos electrodos a un amplificador de tensión continua y a un oscilógrafo.

Al principio del experimento comprobaremos que el potencial de reposo se mantiene estable. El paso siguiente consiste en excitar la célula. Según el tipo de célula de que se trate necesitaremos un aparato adicional que no vamos a describir aquí por tratarse de un experimento puramente imaginario.

Junto con la excitación, el oscilógrafo registrará un descenso en el potencial de reposo. La diferencia entre el potencial de reposo y el potencial disminuido por la excitación se denomina "potencial receptor o generador". A medida que aumentemos o reduzcamos la excitación de la célula sensorial comprobaremos que el potencial de reposo desciende tanto más bruscamente cuanto más intenso es el estímulo, o dicho con otras palabras, el potencial receptor es tanto más elevado cuanto mayor sea la excitación de la célula sensorial.

Mediante otros electrodos podríamos comprobar también que el potencial receptor se propaga de manera uniforme a lo largo de toda la célula hasta llegar a la zona conocida con el nombre de "región generadora". Cuando el potencial receptor desciende por debajo de un umbral determinado, en la región generadora se desencadena un potencial de acción. De esta zona de la célula sensorial primaria parte una prolongación similar al axón de las neuronas a través de la cual se propagan los potenciales de acción que, finalmente, las ramificaciones terminales y las sinapsis se encargan de hacer llegar a las células nerviosas. Como hemos visto, el desencadenamiento de potenciales de acción en las células nerviosas primarias es similar en muchos aspectos a su producción experimental en una fibra nerviosa de gran tamaño.

Al excitar una célula sensorial primaria se produce por tanto un potencial receptor capaz de desencadenar potenciales de acción en la parte generadora de la célula sensorial que se propagan a través del axón hasta alcanzar la sinapsis, de donde pasan al sistema nervioso. Las células sensoriales primarias son las más numerosas de todas.

CODIFICACIÓN DE LA INFORMACIÓN

Ya hemos averiguado cómo se convierten las excitaciones sensoriales en excitaciones nerviosas. Sin embargo, todavía queda una duda por aclarar: si las células sensoriales transmiten las informaciones en forma de potenciales de acción que se rigen por la ley del todo o nada ¿cómo convierten los estímulos, débiles o fuertes, en información?

Este interrogante plantea otro: las células sensoriales transforman todos los estímulos, como pueden ser la luz, el sonido, el olor, el sabor o las sensaciones táctiles, en potenciales de acción idénticos en todos los aspectos. ¿Cómo se las arregla el cerebro para saber que un potencial significa "luz verde" y otro "sabor dulce"? ¿Cómo se originan las sensaciones?

El equipo que hemos utilizado en el último experimento puede servirnos para despejar la primera incógnita. Si excitamos la célula sensorial primaria de la antena del insecto, primero débilmente y luego con más intensidad, y con ayuda de otro electrodo medimos los potenciales de acción que se suceden en la célula nerviosa más próxima, nos llevaremos una gran sorpresa. La excitación débil desencadena potenciales de acción que se suceden a intervalos mayores, mientras que los potenciales de acción provocados por la excitación fuerte lo hacen de forma casi ininterrumpida. La velocidad con que se suceden los potenciales es, por tanto, una medida de la intensidad del estímulo original, que es sometido a un proceso de codificación; de un estímulo originariamente fuerte o débil resulta un potencial rápido o lento, respectivamente.

El ritmo al que se suceden los potenciales se denomina "frecuencia" y dado que la intensidad del estímulo determina la frecuencia de los potenciales, podríamos decir, utilizando una expresión técnica, que dicha intensidad es sometida a una "modulación de frecuencia".

Pasemos ahora a la segunda pregunta. Para resolverla, excitamos las células correspondientes al órgano de la vista con estímulos luminosos, las células táctiles con estímulos de presión y las pituitarias con olores, y a continuación medimos los potenciales de acción de las fibras nerviosas correspondientes. El resultado es sorprendente y descorazonador a la vez: las fibras nerviosas propagan potenciales de acción que se diferencian únicamente en la frecuencia. No existe por tanto ninguna posibilidad de conocer la procedencia de dichos potenciales ni de saber si la información contenida en ellos significa "dulce", "verde", "sonido agudo" u "olor a rosas". Todos los potenciales son idénticos entre sí y, sin embargo, provocan sensaciones diferentes, lo que significa que la explicación hay que buscarla en los puntos de origen y de destino de la excitación nerviosa.

Veamos un ejemplo: todos los potenciales de acción procedentes del ojo son conducidos por el nervio óptico hasta el área visual del cerebro, donde son traducidos a impresiones visuales. Si el ojo o el nervio óptico se excitan con estímulos artificiales, el área visual del cerebro percibe los potenciales de acción que le llegan única y exclusivamente como impresiones visuales. Por esta razón, cuando nos damos un golpe en el ojo vemos “estrellas” y manchas, a pesar de que el estímulo desencadenante no ha sido de carácter luminoso.

Si colocamos la punta de la lengua en los polos de una pila de linterna, notaremos un sabor ácido. También en este caso, el estímulo artificial, la corriente eléctrica, desencadena potenciales de acción en las fibras que parten de las papilas gustativas, las cuales, a través de la lengua, llegan al área del gusto situada en el cerebro, donde provocan sensaciones gustativas.

Si pudiéramos alterar las conexiones existentes entre los cordones nerviosos y los centros sensoriales, entonces veríamos los sonidos, oiríamos los colores, oleríamos las sensaciones táctiles y tocaríamos los sabores, lo que sin duda originaría un auténtico caos sensorial, similar al que producen ciertas sustancias tóxicas y alucinógenas.

La elaboración de las impresiones sensoriales en el cerebro es, pues, fundamental para la percepción de las sensaciones. Cuando en los capítulos siguientes estudiemos los órganos de los sentidos con más detenimiento, explicaremos también cómo se elabora la información.

4. Todo depende del olor correcto

"Demasiado complicado", exclamará más de un lector que haya seguido atentamente nuestras explicaciones y penetrado en los misterios de las células nerviosas y sensoriales. Como nadie dudará de que nos merecemos un breve descanso para recuperar fuerzas, vamos a darnos un refrescante baño en el mar, al menos en nuestra imaginación.

INFORMACIÓN FALSA PARA ENGAÑAR A LA COMPETENCIA

Junto a otras muchas plantas, en el fondo del mar vive un alga parda (feofícea) ramificada cuyo nombre científico es *Cutleria multifida*. Otra alguita también parda, *Ectocarpus siliculosis*, cuya profusa ramificación la asemeja a un penacho de plumas, coloniza los acantilados o incluso otras algas de mayor tamaño. Aunque a continuación vamos a tratar de conocer mejor a ambas, la auténtica protagonista será *Cutleria*, sobre todo por su singular forma de reproducción.

Dentro de la familia de las cutleriáceas existen plantas masculinas y femeninas, cuyo aspecto exterior es idéntico. Tanto unas como otras pueden producir células independientes que apenas se distinguen por las características externas. De todas estas células, que nadan libremente en el agua, necesitan encontrarse una masculina y una femenina para que la célula germinal fruto de su unión pueda fijarse en algún sitio y dar origen a una nueva planta. El proceso en sí es comparable a la unión del óvulo y el espermatozoide en los animales superiores. Realmente es casi un milagro que las células masculinas y femeninas de *Cutleria*, apenas mayores que una partícula de polvo y que son arrastradas de un lugar a otro por las corrientes marinas, puedan llegar a encontrarse.

Tres investigadores, Lothar Jaenicke y Dieter Gerhard Müller, de la Universidad de Colonia, y R. E. Moore, de Hawai, estudiaron el tema en profundidad. Así descubrieron que las células femeninas de *Cutleria* secretan sustancias olorosas que atraen a las masculinas. Una vez hecho este descubrimiento trataron de identificar las sustancias químicas, lo que no les resultó nada fácil. Para ello comenzaron por cultivar grandes cantidades de ejemplares femeninos, y durante cinco meses recogieron diariamente las células que lanzaban al exterior. Los análisis químicos revelaron que las células de *Cutleria* secretan tres sustancias distintas que se diferencian únicamente en la configuración de las moléculas, pues la fórmula química es en los tres casos de $C_{11}H_{16}$.

A continuación formaron tres bolitas de cera, impregnaron cada una de ellas con una sustancia y las sumergieron en agua de mar que contenía células masculinas. Con ayuda del microscopio comprobaron entonces que las células masculinas sólo se agrupaban en torno a la esfera impregnada con la sustancia número 1, que, evidentemente, era la que actuaba como estimulante. Las otras dos no parecían surtir ningún efecto.

Esta sustancia es comparable a las feromonas que ya conocemos y que se hallan fundamentalmente al servicio de la reproducción. En pruebas ulteriores se descubrió que la sustancia número 2 atraía a las células masculinas de *Ectocarpus*. ¿Qué sentido podía tener esto? Las células

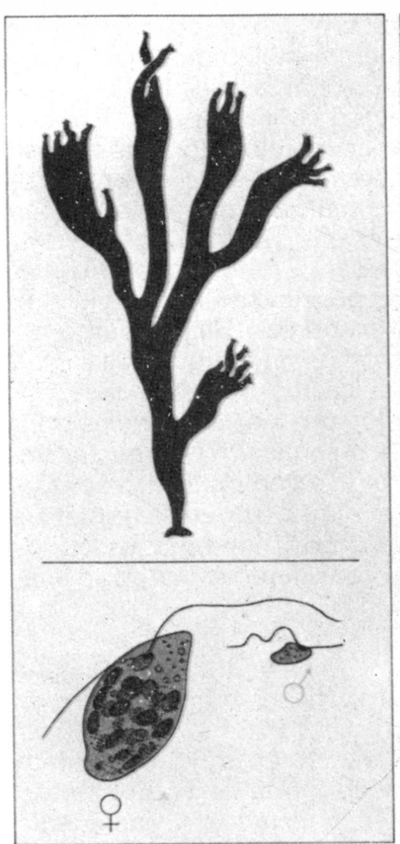

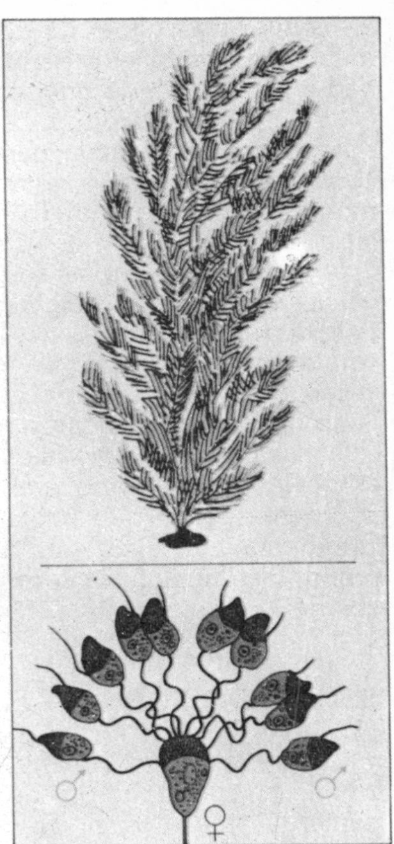

Fig. 4-1. *Izquierda: Cutleria multifida. Abajo, izquierda:* Células reproductoras masculina y femenina (muy aumentadas). *Derecha: Ectocarpus siliculosis. Abajo, derecha:* Célula reproductora femenina rodeada por varias masculinas (muy aumentadas).

femeninas de *Cutleria* secretan la sustancia número 2 para atraer a las células masculinas de *Ectocarpus*... ¡Incomprensible!

Al acudir equivocadamente a la llamada de *Cutleria*,

las células masculinas de *Ectocarpus* caen en una trampa muy bien urdida que perjudica notablemente su capacidad reproductora, lo que, entre otras consecuencias, inhibe el crecimiento de la colonia; por su parte, *Cutleria* aprovecha esta ventaja para ocupar los dominios de su contrincante. Así pues, esta feofícea se sirve de una feromona (la sustancia número 2) para transmitir «información falsa» y confundir así a sus posibles rivales.

No finalizan aquí las sorpresas. Como organismos vegetales que son, estas algas no poseen sistema nervioso ni tampoco células u órganos sensoriales. Sin embargo, se comunican a través de las feromonas, aunque sea de un modo rudimentario. La comunicación no está ligada por tanto al sistema nervioso o a los órganos sensoriales e incluso las células individuales son capaces de comunicarse, es decir, actúan como emisor y receptor de las señales pertinentes, algo que habíamos visto ya en las amebas. Evidentemente, el sistema nervioso y los órganos de los sentidos aumentan de forma considerable las posibilidades de comunicación.

ENGAÑADO POR UNA LOMBRIZ

En 1912 Robert Mearns Yerkes* construyó un aparato formado por un tubo de cristal en forma de T. En el brazo izquierdo situó dos electrodos conectados a una fuente eléctrica que provocaba descargas de poca intensidad. A continuación encerró en el tubo a una lombriz de tierra; lógicamente, al llegar a la bifurcación, el animal sólo tenía dos opciones: seguir el camino de la derecha o el de la izquierda. Si elegía este último, recibía una pequeña descarga eléctrica, que le hacía retroceder y seguir por el de

* Robert Mearns Yerkes (1876-1956) fue un destacado investigador de los primates superiores y, entre otras cosas, fundó el mayor centro de estudio de antropoides del mundo en Atlanta, Georgia (Estados Unidos).

la derecha, donde no había nada que estorbara su "paseo". Tras repetir varias veces esta experiencia, la lombriz aprendió a evitar el camino de la izquierda, es decir, había sido domesticada.

Generaciones de biólogos vieron en este experimento la prueba de la capacidad de aprendizaje de la lombriz de tierra. Al cabo de los años las dudas asaltaron a dos científicos de la Universidad de Missouri, quienes decidieron repetir el experimento. Al principio se confirmó el resultado obtenido por Yerkes, pero cuando los investigadores sustituyeron el tubo usado por otro nuevo o recién lavado, las cosas cambiaron por completo: las lombrices "domesticadas" eran incapaces de reconocer el camino correcto y lo mismo se metían por el de la izquierda que por el de la derecha a pesar de las descargas, es decir, la experiencia no parecía servirles de nada.

En su afán por hallar una explicación a estos contradictorios resultados, los científicos descubrieron que la lombriz de tierra va dejando tras de sí un rastro de baba. Cuando al tocar el electrodo recibían una descarga eléctrica, además de la baba secretaban otra sustancia que actuaba a modo de alarma y que avisaba a la lombriz del "peligro" que le acechaba en el camino de la izquierda. Esta feromona es muy resistente y su olor perdura durante meses y es reconocida tanto por el individuo que la ha secretado como por otras lombrices sin domesticar que, evidentemente, comprenden el significado de la señal. Este descubrimiento vino a confirmar que Yerkes se había dejado engañar por una lombriz. La conducta del animal no era consecuencia de su capacidad de aprendizaje, sino que estaba provocada por una feromona.

Lo anterior no significa que la lombriz de tierra sea incapaz de aprender nada, sino que el experimento descrito superaba su capacidad de aprendizaje. La secreción de esa sustancia "avisadora" le hizo adoptar, sin embargo, una conducta tan "inteligente" que incluso confundió a un naturalista del prestigio de Yerkes.

LOS COLEÓPTEROS ENTIENDEN TAMBIÉN EL LENGUAJE QUÍMICO

Una tormenta primaveral ha derribado un abeto de 4 metros de altura que, en su caída, ha arrastrado consigo a dos pinos y a otro abeto, que ahora descansa sobre el suelo del bosque con las raíces al aire. Otros árboles han resultado también gravemente dañados.

Una vez restablecida la calma, el bosque recupera su aspecto habitual. Poco a poco comienzan a llegar de todas partes pequeños coleópteros parduscos, conocidos comúnmente con el nombre de barrenillos, que se abalanzan sobre los troncos caídos, dispuestos a darse un festín. Los árboles dañados tampoco se ven libres del ataque. En tan sólo media hora, un insecto de este tipo es capaz de horadar la corteza, desapareciendo en seguida en el interior del árbol. Si acercamos el oído al tronco, oiremos el inconfundible ruido que hacen al roer. Para conocer exactamente lo que sucede debajo de la corteza, cortamos un trozo más bien grande de ésta con una navaja de bolsillo. En la cara interior de la misma se aprecia claramente una complicada red de galerías y pequeños corredores (láminas 4-1 a 4-3). ¿Quién los habrá construido?

Tan pronto como un escolítido macho, familia a la que pertenecen los barrenillos, se posa sobre la corteza de un árbol, comienza a taladrarla para excavar en la cara interna una pequeña cavidad donde poco después se instalan una, dos o más hembras. Cada hembra excava a su vez una galería perpendicular a la cavidad con numerosos y pequeños nichos laterales, en cada uno de los cuales depositan un huevo.

Nada más salir del huevo, las larvas construyen también sus propios corredores, que se diferencian por dos características: en primer lugar son perpendiculares a las galerías excavadas por las hembras y, además, van ensanchándose progresivamente en correspondencia con el cre-

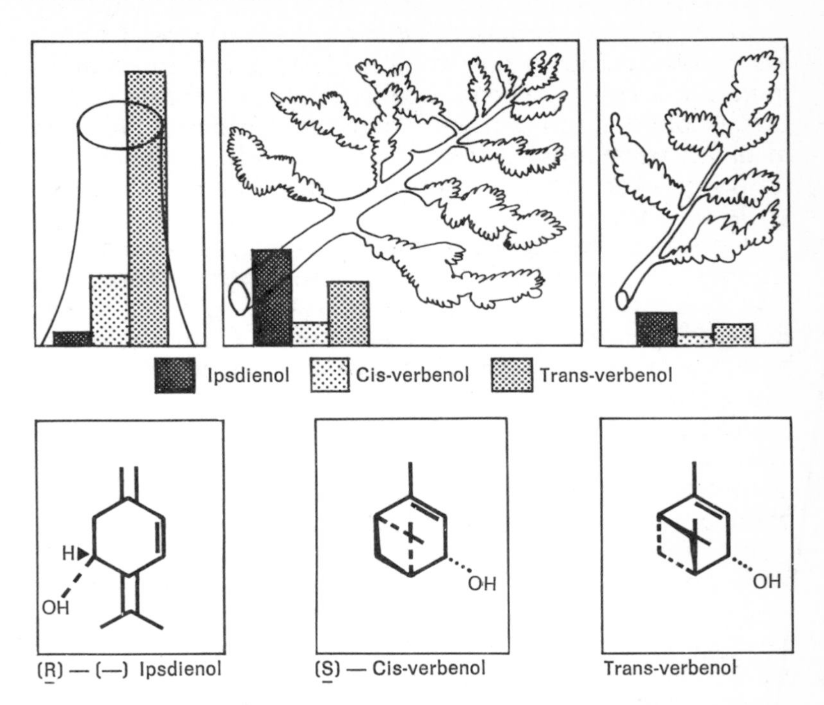

Fig. 4-2. Producción de sustancias olorosas por parte de escolítidos de la especie *Ips calligraphus* en función del estado del árbol en el que se orientan. La altura de las columnas representa la cantidad secretada; la figura de la *izquierda* corresponde al tocón, la del *centro*, al tronco caído y la de la *derecha*, a una rama a punto de secarse.

cimiento de la larva. La configuración de estas galerías es sumamente compleja y singular a la vez y los pasillos horizontales excavados por las larvas presentan cierta similitud con los renglones de un libro.

Cada hembra pone aproximadamente sesenta huevos, de los que nacen insectos que pasan por todo el proceso de metamorfosis bien protegidos por la corteza. El proceso en sí dura tan sólo entre seis y diez semanas, lo que explica la increíble proliferación de estos insectos. Cuando los árboles caídos y enfermos no les proporcionan el alimento necesario, atacan también los ejemplares sanos. Los escolítidos son una verdadera plaga, pues debido a su facilidad para reproducirse pueden ocasionar la pérdida de bosques enteros, como se ha comprobado tristemente en la realidad.

En el contexto que a nosotros nos interesa se plantean algunas cuestiones. ¿Cómo descubren estos escarabajos, que a veces vienen desde lugares lejanos, el árbol exacto que puede ofrecerles cobijo y alimento? ¿Cómo hallan las hembras las cuevas excavadas por los machos debajo de la corteza?

Tan pronto como finalizan la metamorfosis los nuevos insectos parten a la búsqueda de árboles idóneos sin tener el menor contacto entre sí. Como los árboles sanos les plantean demasiadas dificultades, buscan preferentemente ejemplares caídos o dañados por el viento, los rayos, la sequía o los hongos. Cuando un escolítido ha encontrado un ejemplar adecuado, rápidamente aparecen otros congéneres, como atraídos por arte de magia. ¿Quién les ha informado? ¿Cómo perciben la llamada?

A medida que perforan la corteza, ingieren los terpenos contenidos en la resina y los transforman en sustancias olorosas que expulsan junto con las heces y que actúan a modo de señal. Los barrenillos solamente pueden producir feromonas de este tipo mientras la corteza rezume resina. Como puede verse en la figura 4-2 la producción de feromonas depende del estado general del árbol. Según parece, las sustancias olorosas secretadas contienen dos mensajes distintos para los insectos que vuelan por los alrededores. Por un lado, les indica la existencia de un árbol apropiado para ellos y, por otro, les transmite información acerca del estado de dicho árbol.

Cuando la resina comienza a agotarse, bien porque hay demasiados insectos que se sirven de ella o porque la madera esté ya seca, los barrenillos producen progresivamente menor cantidad de feromonas y, en consecuencia, disminuye también su poder de atracción. El cese total significa que el animal ha llegado al final de su existencia, pues las condiciones de ese lugar del bosque ya no le son favorables.

En caso de exceso de población, otras especies secretan una sustancia que ejerce el efecto contrario, con la que avisan a sus congéneres de que no se acerquen al árbol, pues allí ya no hay sitio para ellos. Aquí son las hembras las encargadas de esta misión.

Este comportamiento de los barrenillos que, evidentemente, se comunican mediante un lenguaje químico, son en cierto modo un estadio previo a la conducta social. Estos animales no viven para sí, sino que son capaces de transmitir a sus congéneres informaciones que posibilitan la colonización del hábitat, asegurándose de esta forma su supervivencia. El lenguaje de las feromonas solamente reportaría ventajas a estos voraces coleópteros si no lo "comprendiera" también uno de sus enemigos más temibles, *Thanasimus formicarius*.

Resumiendo: los escolítidos secretan feromonas con las que informan a sus congéneres de la existencia de un árbol adecuado para sus necesidades o, en su caso, previenen la superpoblación. Dado que este comportamiento de los barrenillos no está exclusivamente al servicio de la reproducción, puede considerarse un estadio previo a la conducta social.

TRUCOS PARA COMBATIR LAS PLAGAS

Del mismo modo que *Thanasimus formicarius* ha conseguido descifrar el lenguaje químico de los barrenillos para descubrir rápidamente a su presa favorita ¿no podría hacerlo también el hombre para acabar de una vez con esta temible plaga?

Desde hace cerca de doscientos años se utilizan "árboles trampa" para combatir a los barrenillos. Por regla general se aprovechan ejemplares enfermos, que no se eliminan a propósito, o se tala uno sano a modo de señuelo. Como es lógico, los insectos no saben que se trata de una trampa y tan pronto como lo descubren, se lanzan sobre él y comienzan a taladrarlo, pero antes de que nazca la siguiente generación, los hombres lo queman o lo rocían con un insecticida. Recientemente se está experimentando otro procedimiento que consiste en atraer a los animales con feromonas químicas, pues de este modo es posible destruir de una sola vez a un mayor número de individuos.

Trogoderma granarum es otro escarabajo, de la familia de los derméstidos, que causa terribles estragos en los graneros y bodegas de los barcos. Para combatirlo suele recurrirse a la fumigación, pero este procedimiento resulta caro y peligroso.

Dos colaboradores del Instituto Max-Planck en Seewiesen, Hermann y Anna Levinson, han emprendido la búsqueda de otros métodos para eliminar a los insectos perjudiciales. En primer lugar intentaron obtener la feromona con la que la hembra de *Trogoderma* atrae al macho en cantidades suficientes para realizar un análisis químico exhaustivo, lo que supuso una dificultad aparentemente insalvable, pues cada hembra de *Trogoderma* secreta al día entre una y dos mil millonésimas de gramo de dicha sustancia.

Los investigadores construyeron una instalación de ventilación hermética en la que diez veces al día introducían grupos de 2.000 hembras. Mediante filtros especiales recogían las sustancias secretadas, que a continuación enviaban por vía aérea a Nueva York, donde un grupo de científicos logró descifrar la composición de la feromona. Al cabo de tres largos años de intensos trabajos hallaron por fin un procedimiento para producirla por medios artificiales.

Una vez comprobado que los machos reaccionaban a dicha sustancia, sólo había que construir trampas apropiadas, que, por regla general, consisten en tiras de cartón ondulado impregnadas con la sustancia "atrayente" que se colocan en sótanos, bodegas, almacenes, etc. El olor de esta feromona sexual atrae no sólo a los machos sino también a las hembras, lo que es más sorprendente, y tanto unos como otras corren a ocultarse entre las ondas del cartón. De este modo, lo único que hay que hacer es destruir regularmente las tiras de cartón con sus "inquilinos" y sustituirlas por otras nuevas. El coste de este procedimiento es insignificante; sin embargo, no debe olvidarse que detrás de él se esconde el infatigable trabajo de muchos científicos. En primer lugar hubo que aislar la feromona, luego descubrir su composición química y, por último, producirla artificialmente o, dicho con otras palabras: para poder engañar a los insectos, el hombre tuvo que aprender su lenguaje químico.

LAS MOSCAS DE LAS FRUTAS NO SE APAREAN CON SUS HERMANOS

En las frutas descompuestas o en estado de fermentación suelen posarse moscas de pequeño tamaño* que se han convertido en animales de laboratorio básicos para la genética. Se utilizan en experimentos a los que se cruza a dos animales determinados para estudiar detenidamente su descendencia.

Dos investigadores descubrieron que no es posible cruzar a una hembra y a un macho cualesquiera. Aunque en la mayoría de los casos era el macho el que rechazaba a la hembra, en algunas ocasiones sucedía todo lo contrario.

* El nombre científico de la mosca de la fruta es *Drosophila melanogaster*.

Al indagar la causa de semejante conducta, descubrieron que el parentesco desempeñaba un papel importante. Cuanto más próximo era éste, menos dispuestos estaban a aparearse. Dicho más exactamente: cuando tanto el macho como la hembra poseían un cromosoma X que contenía la misma información genética, menos dispuesto estaba el macho a aparearse. Posteriormente se confirmó la teoría de que en este proceso debía hallarse también en juego una o varias sustancias olorosas. La sustancia estimuladora secretada por una "pariente" cercana no resulta en absoluto atrayente para el macho.

Con todo, los investigadores consiguieron engañar al macho y obligarle a aparearse con una hembra inicialmente "rechazada" impregnando las antenas de ésta con la feromona sexual de otra hembra. Asimismo descubrieron que cuando coincidía la información genética contenida en los cromosomas números 2 y 3, eran las hembras quienes rechazaban al macho. En este caso, y para engañar a la hembra, se impregnaron sus antenas con una feromona distinta a la de su "pariente". Ahora bien, cuando los cromosomas X y el cromosoma 4 eran genéticamente idénticos* en el macho y la hembra, entonces no valía truco alguno; las hembras se negaban rotundamente al apareamiento.

Semejante comportamiento tiene una explicación biológica evidente. En los descendientes de una pareja con grandes diferencias genéticas se produce una gran variación de las características (variabilidad genética). Esta diversidad aumenta, a su vez, las posibilidades de supervivencia, pues siempre habrá algún individuo capaz de enfrentarse satisfactoriamente a las condiciones ambientales extremas o especiales.

---

* Los cromosomas (del griego *chroma*, color y *soma*, cuerpo) son elementos filiformes del núcleo de la célula que se tiñen con mucha facilidad. En ellos reside la información genética.

Los investigadores se preguntan cómo se las ingeniaron Thomas Hunt Morgan y sus colaboradores para obtener las denominadas "líneas puras"* cruzando moscas hermanas. Aunque los experimentos propiamente dichos se hallan al alcance de cualquiera, ésta es una incógnita todavía sin resolver.

Las moscas de la fruta nos enseñan más cosas todavía. Entre la información genética contenida en los cromosomas y la producción de feromonas existe una relación evidente, y todo parece indicar que cualquier modificación de dicha información, por leve que sea, influye a su vez en la producción de feromonas. De las observaciones y estudios realizados hasta la fecha podemos concluir lo siguiente:

— El cromosoma X contiene información relativa a la producción de la feromona sexual femenina.

— Los cromosomas 2 y 3 contienen información relacionada con la formación de feromonas sexuales masculinas.

— La combinación del cromosoma X y el cromosoma 4 afecta a la producción de hormonas sexuales tanto masculinas como femeninas.

Con todo, no deja de ser sorprendente que un insecto tan pequeño sea capaz de "oler" la relación de parentesco. Los seres humanos, que, por lo general, solemos menospreciar las dotes de los animales para comunicarse entre sí, no disponemos de una habilidad semejante. Tan sólo la simpatía o la antipatía guardan cierta relación con el sentido del olfato. Por ejemplo, cuando sospechamos que algo puede encubrir un daño decimos que "no nos huele bien".

---

* Las "líneas puras" se obtienen realizando cruzamientos consanguíneos.

LOS GUSANOS ACUDEN PUNTUALMENTEA A LA CITA

Anochece en los mares del Sur. Los habitantes de estas islas paradisíacas se han reunido junto a la orilla del mar para celebrar una gran fiesta. Los cánticos y los bailes se suceden ininterrumpidamente durante toda la noche. Al amanecer, los hombres se lanzan al agua en sus frágiles canoas, en las que previamente han depositado cestas y banastas de diverso tipo, y remando se alejan hacia el horizonte. El agua parece hervir en el arrecife; la superficie está cubierta por una masa lechosa que se agita sin cesar. Al acercarnos comprobamos que se trata de millones de gusanos blanquecinos. Los polinesios arrojan sus cestas al mar y cuando las han llenado de esta masa bulliciosa, regresan veloces a la orilla, donde son recibidos con gritos de júbilo y muestras de alegría. Apenas han descargado su preciosa mercancía, cuando emprenden de nuevo el camino del arrecife. Durante horas pescan ininterrumpidamente. De repente, los gusanos desaparecen como por arte de magia y el mar recupera su calma habitual.

Entre los habitantes de los mares del Sur, el *palolo*, nombre con el que se conocen estos gusanos, está considerado un bocado exquisito, que comen crudo, cocido o a la parrilla. Durante varios días degustan este apreciado manjar que ya no vuelven a probar hasta el año siguiente. La próxima cita será una semana antes de la luna llena de noviembre y a ella acudirán también puntualmente los gusanos.

¿Qué gusanos son estos que, año tras año, se reúnen en la superficie del mar en una fecha determinada? El palolo* del Pacífico mide hasta 40 centímetros de largo y habita en las cuevas calizas de los arrecifes de coral que

* El palolo *(Eunice viridis)* es un poliqueto marino.

nunca abandonan por completo para, en caso de peligro, poder regresar a ellas rápidamente. Se alimentan de algas, que buscan por la noche, y durante varios años viven prácticamente escondidos en el fondo hasta que, en un momento determinado, desarrollan órganos luminosos en los segmentos finales.

Estos "ojos ventrales" solamente reciben la luz de la Luna, pues, como ya hemos dicho, los gusanos jamás salen de día. La Luna es, por tanto, su calendario y su reloj a la vez*. El desarrollo de estos gusanos poliquetos está regulado por el ritmo lunar y tan sólo hay una noche al año en que las condiciones son favorables para el "apareamiento". Cuando llega la fecha, los gusanos se fragmentan en dos. La parte posterior, repleta de óvulos o células espermáticas, nada vigorosamente hacia la superficie para cumplir con su misión reproductora. La región anterior permanece en el fondo y al cabo de algunos meses regenera** una nueva "cola".

La fecundación propiamente dicha es estimulada por ciertas sustancias, parecidas a las feromonas, que los segmentos desprendidos proyectan al agua y que, entre otras funciones, tienen la de garantizar que los segmentos permanezcan unidos en la superficie. Esta forma de reproducción ofrece importantes ventajas a estos animales: al dividirse, la parte anterior no necesita correr riesgos y puede dedicarse tranquilamente a desarrollar una nueva zona posterior para participar al año siguiente en la propagación de la especie, aunque sea de manera indirecta. Por otra parte, la simultaneidad del proceso asegura el encuentro no sólo de los segmentos desprendidos, sino también de los óvulos y las células espermáticas expulsadas por éstos. La Luna es la que determina el momento idó-

* Las fases lunares están determinadas por la posición del Sol y la Luna respecto a la Tierra. Entre dos lunas llenas transcurren exactamente 29 días, 12 horas y 44 minutos.

** La regeneración es el proceso por medio del cual determinados animales desarrollan de nuevo partes del cuerpo perdidas por algún accidente.

Fig. 4-3. Un palolo. Los puntos situados en los segmentos del abdomen representan los órganos luminosos u "ojos ventrales".

neo; por su parte, los gusanos "se ponen de acuerdo" acerca de la hora y el lugar de reunión mediante la secreción de unas sustancias determinadas.

Platynereis, otro poliqueto marino, utiliza un procedimiento distinto para buscar pareja. En este caso, los individuos suben a la superficie por la noche manteniendo su integridad. Los machos emiten breves destellos luminosos, mientras que las hembras, que nadan en círculo, "se iluminan" durante 10 a 20 segundos. En este ejemplo, el encuentro se ve favorecido por la luz que generan y emiten los propios individuos.

ARRUMACOS GATUNOS

A mediodía, toda la familia se reúne en torno a la gran mesa del comedor. A través del cristal de la puerta de la terraza se vislumbra la silueta de un gato: es Sacha, que acude puntualmente a la cita con la cola levantada en espera de que alguien le deje entrar. Tan pronto como le abro la puerta, cruza orgulloso el umbral e inmediatamente comienza a restregarse contra mis piernas. Primero frota la cabeza contra una pernera del pantalón, luego hace lo mismo con un costado, a la vez que intenta rodearme la pierna con la cola. Una vez satisfecho, repite toda la operación en la otra pierna: primero la frota con la cabeza, luego con el costado y, por último, enrosca la cola en ella. En otras ocasiones inclina la parte delantera del cuerpo a modo de reverencia y restriega la mejilla contra mi zapato. "Adulador", le recriminan cariñosamente los niños.

¿Qué significado tienen estos arrumacos tan característicos de los gatos? Para averiguarlo, los investigadores holandeses Gerda Verberne y Jaap de Boer realizaron durante cuatro años diversos ensayos y observaciones con 23 gatos entre los que figuraban machos y hembras. Tan sólo algunos estaban castrados. Los investigadores dividieron a los animales en tres grupos: el primero estaba compuesto únicamente por machos, el segundo por hembras y el tercero era mixto, y los encerraron en jaulas de 2 × 2 × 3 metros. Cada grupo disponía además de un espacio abierto de mayores dimensiones.

Tras efectuar 1.200 observaciones, Gerda Verberne y Jaap de Boer sacaron la conclusión siguiente:

Todos los gatos frotan por igual determinadas partes de su cuerpo contra los objetos:

1. Mejillas con la boca abierta.
2. Punta de la nariz contra ramitas, hojas o partes sobresalientes de los muebles.
3. Parte superior de la cabeza.
4. La zona comprendida entre el extremo anterior de la mandíbula y la garganta contra objetos bajos.
5. Costado y cola contra paredes y esquinas.
6. Parte superior de la cola contra un objeto horizontal, por ejemplo, contra una silla al pasar por debajo (sólo los machos).
7. Olfateo minucioso de las zonas contra las que se ha restregado él mismo u otros congéneres (machos y hembras).

Al analizar las partes citadas se descubrió que en ellas abundan las glándulas sebáceas, sobre todo en la región de las mejillas.

Todo parece indicar que los gatos van dejando así, a modo de tarjeta de visita, informaciones olorosas sobre ellos mismos con las que, además, marcan su territorio, no tanto para ahuyentar a posibles intrusos como para orientarse ellos mismos. Distinguen perfectamente las marcas olorosas extrañas, pero, al parecer, no les interesa cubrirlas con su perfume particular*.

Estos resultados son en verdad sorprendentes, pues los gatos están considerados en general como animales que se orientan preferentemente con la vista. Si cuando estamos en el campo o en el jardín lanzamos a un gato una miguita de pan o de otro alimento cualquiera, la buscará con los ojos. Un perro, en cambio, recurre primero al

* Las marcas olorosas sirven también para delimitar el territorio, aunque en este caso el animal las utiliza fundamentalmente para su propia orientación.

olfato y a menudo continúa olisqueando toda la zona incluso aunque tenga el trozo de comida delante de los ojos. Según todos los indicios, el gato utiliza el sentido del olfato para comunicarse con sus congéneres. Los gatos salvajes son animales muy individualistas que únicamente se reúnen con otros miembros de su especie para aparearse; por ello, las marcas olorosas constituyen un medio de comunicación muy útil. Es como si de este modo dejaran un mensaje que el "destinatario" puede "leer", aun cuando el "remitente" no esté presente.

En otras ocasiones, los gatos se revuelcan por el suelo; primero se tumban sobre el costado izquierdo y luego sobre el derecho y así se están un buen rato; de vez en cuando interrumpen esta actividad para lamerse el pecho y la parte interior de las patas delanteras. Probablemente, al revolcarse dejan también una marca olorosa en el suelo. Por último, suelen marcar también su territorio con orina, si bien esta actividad no tiene nada que ver con la función fisiológica propiamente dicha. Cuando orinan, tanto los gatos como las gatas limpian el suelo "barriéndolo" con las patas delanteras. Sin embargo, cuando marcan el territorio, sólo expulsan pequeñas cantidades. Esta costumbre la practican todos los machos, en tanto que las hembras sólo lo hacen de forma ocasional. Asimismo ha podido observarse que los machos lanzan contra las paredes algunas gotas de un líquido transparente que deja un fuerte "olor a gato", perceptible incluso por el hombre. Esta sustancia es secretada por unas glándulas situadas debajo de la cola, pero que, al parecer, no tienen nada que ver con las glándulas anales que, a su vez, secretan una sustancia amarillenta que tiene un olor diferente. Cuando huelen dichas marcas, los gatos suelen excitarse y enseñar los dientes a la vez que respiran por la boca. Tampoco en este caso intentan tapar las marcas extrañas con las suyas propias. Este "respeto" hacia las marcas olorosas de otros miembros de la especie parece ser una característica de la conducta gatuna.

Fig. 4-4. Al revolcarse por el jardín, Sacha va dejando sus marcas olorosas. (Nuestro querido Sacha ha muerto entretanto; ésta es una de sus últimas fotografías.)

Sorprendentemente, los gatos poseen dos órganos diferentes para percibir los olores: la membrana pituitaria en la nariz y el llamado "órgano de Jacobson", que comunica con la cavidad bucal a través de un conducto, y cuya misión es percibir olores a través de la boca. Gerda Verberne taponó temporalmente a algunos ejemplares el conducto que comunica con el órgano de Jacobson y entonces comprobó que cuando olían las marcas de orina, no enseñaban los dientes con tanta frecuencia como cuando estaban intactos. Hasta ahora no ha podido determinarse con exactitud si al abrir la boca perciben mejor los olores o si es el órgano de Jacobson el que induce a los gatos, al menos en los machos, a abrir la boca y enseñar los dientes para "oler" mejor. Evidentemente debe existir alguna relación entre ambos actos. Los ensayos citados demostraron también que la percepción de las marcas olorosas consecutivas a los restregamientos no guardan ninguna relación con el órgano de Jacobson.

Los datos disponibles parecen confirmar, por tanto, que los gatos se comunican mediante marcas olorosas de diversos tipos (orina, secreciones de las glándulas sebáceas y de otras glándulas especiales) que utilizan para orientarse, para delimitar su territorio y para informar acerca de quién las ha dejado (tarjeta de visita). El órgano de Jacobson desempeña un papel importante en la percepción de las marcas de orina.

Volvamos al comienzo: ahora ya sabemos a qué obedecen los arrumacos de Sacha. Probablemente, no quiere tan sólo dejarnos su "tarjeta de visita" y marcar de algún modo su "propiedad", sino también expresarnos su afecto, y para ello recurre a gestos y actitudes innatos.

RASTROS OLOROSOS POR DOQUIER

Además de los gatos hay otros muchos mamíferos que dejan marcas olorosas. Los ciervos, por ejemplo, poseen en las comisuras palpebrales unas glándulas que secretan una sustancia con la que delimitan su territorio, la cual extienden sobre las ramas y matorrales. Los antílopes presentan asimismo glándulas de este tipo.

Cuando el tejón recorre su territorio, va marcando las piedras, la hierba o el suelo con la sustancia secretada por una glándula que posee bajo la cola, para lo cual apoya unos instantes la parte posterior del cuerpo contra el objeto en cuestión. Incluso en cautividad, los tejones marcan regularmente los zapatos de sus cuidadores para indicar así que son de "su" propiedad.

La marta y la mangosta* practican igualmente esta costumbre. El tanrec** rocía con saliva el objeto que quiere marcar y a continuación se pasa primero las patas delanteras por los costados y luego las frota contra dicho objeto para transmitirle su penetrante olor a almizcle.

El investigador Irenäus Eibl-Eibesfeldt y su esposa criaron a un gálago, que es un prosimio de pequeño tamaño, extraordinariamente tímido, muy limpio, de pelaje grisáceo, grandes ojos y pies y manos negros desprovistos de pelo. Estos animales duermen durante el día y al caer la tarde salen de sus guaridas en busca de alimento. El gálago de Eibl-Eibesfeldt mantuvo también sus costumbres nocturnas: durante el día dormitaba y por la noche recorría toda la casa. Al cabo de algún tiempo, los investigadores descubrieron diversas manchas oscuras en la pared y en algunos muebles, concretamente, en los lugares donde el animal solía apoyarse para sus escaladas nocturnas. Dejemos que sea el propio Irenäus quien nos explique cómo descubrió el origen de aquellas manchas:

«El gálago estaba sentado en un rincón y, de repente, se roció las plantas de las manos con orina y cuando hubo terminado, se impregnó también las de los pies; a continuación inició sus correrías nocturnas habituales al tiempo que dejaba sus huellas por todas partes. De este modo fue marcando el camino seguido y cuando en la oscuridad de la noche saltaba de una rama a otra de los árboles del jardín solamente tenía que seguir su propio rastro para encontrar el camino de regreso.»

También las ratas y los ratones domésticos marcan su territorio con orina y recorren incesantemente estos "corredores olorosos", costumbre que comparten con los fa-

---

* La mangosta *(Mungos mungo)* es un mamífero carnívoro que habita en África y Asia.

** El tanrec *(Centetes ecaudatus)* vive en Madagascar.

langéridos, marsupiales cuyo aspecto recuerda el de las ardillas. Estos animales poseen en el tórax unas glándulas que secretan una sustancia con la que marcan también a sus congéneres. Los machos y las hembras acostumbran frotarse mutuamente el cuerpo, intercambiándose así los "aromas" respectivos. La mezcla de las sustancias de los diferentes individuos origina un "olor" familiar característico que les ayuda a reconocer a sus parientes.

Los corzos poseen una glándula especial entre las pezuñas que actúa a modo de alarma en caso de peligro. Cuando el animal huye por la razón que sea, dicha glándula secreta una sustancia que impregna las hojas y los tallos de las plantas, poniendo así sobre aviso a otros corzos. El olor permanece durante varios días.

Los conejos machos efectúan el marcaje de su territorio con la sustancia secretada por glándulas especiales situadas en la mandíbula y zona anal. Los hámster frotan contra los matojos de hierba, piedras y muros de tierra sus costados por ser aquí donde tienen las glándulas "marcadoras".

Las musarañas machos tienen en los costados varias glándulas de gran tamaño dispuestas en fila. Las de las hembras, en cambio, son mucho más pequeñas y durante la época del celo involucionan casi por completo, lo que les impide marcar el territorio. Al parecer, el macho aprovecha esta circunstancia para acercarse a la hembra. Las musarañas son animales muy individualistas y, salvo en esta época, viven en solitario, evitando penetrar en las parcelas de otros congéneres.

Sobradamente conocida es la importancia que los olores tienen para los perros y, como ha podido comprobarse, estos animales son incluso capaces de reconocer las marcas individuales de otros congéneres, así como diferenciar perfectamente los rastros de varias personas. Tan sólo el rastro de gemelos univitelinos les plantea a veces problemas. Este hecho no debe sorprendernos demasiado, pues tal como hemos aprendido de las moscas de la fruta, en las informaciones genéticas están ya contenidas las "recetas" de las sustancias olorosas que serán secretadas por un ser vivo.

Todos los ejemplos citados ponen claramente de manifiesto que los mamíferos se sirven ampliamente de las sustancias olorosas para comunicarse entre sí, y entre ellas figuran tanto productos de excreción, por ejemplo la orina, como secreciones de glándulas específicas. Las sustancias olorosas se utilizan para marcar el territorio, a un individuo o a los componentes de una familia, mantener la cohesión social de los animales gregarios y provocar la excitación sexual.

LAS MOLÉCULAS JUEGAN A LOS ROMPECABEZAS

Los insectos deben su agudísimo sentido del olfato a las antenas o, mejor dicho, a los pelillos que recubren éstas. Mediante minuciosos estudios microscópicos se ha comprobado que estos pelillos están recorridos interiormente por numerosas prolongaciones nerviosas ramificadas, parecidas a las dendritas. Para adaptarse a las condiciones ambientales y proteger los delicados órganos olfatorios contra una eventual desecación y daños de otro tipo, los pelos o pestañas olfatorias de los insectos tienen las paredes muy gruesas, a diferencia de las de los cangrejos acuáticos, lo que representa un serio inconveniente, ya que las sustancias olorosas no pueden atravesarlas. Sin embargo, para permitir que éstas entren en contacto con las prolongaciones nerviosas, las paredes presentan gran cantidad de poros diminutos.

Dietrich Schneider* y sus colaboradores han estudiado los órganos olfatorios de los insectos en un intento de averiguar su auténtica capacidad. Para sus experimentos

---

* Dietrich Schneider, nacido en 1915, es director del Instituto Max Planck de Fisiología de la Conducta en Seewiesen (Alta Baviera).

utilizaron fundamentalmente langostas migradoras *(Locusta migratoria)* y gusanos de seda *(Bombyx mori)*.

Las langostas migradoras utilizan los órganos olfatorios para encontrar las hojas y hierbas que les sirven de alimento. Investigadores químicos descubrieron las sustancias que confieren a las hojas y a la hierba su color característico*. Por su parte, los biólogos estudiaron al microscopio la delicada estructura de las antenas y así descubrieron que el órgano olfatorio de estos insectos está formado por una fosa que únicamente está en contacto con el mundo exterior a través de un pequeño orificio circular. La fosa aloja, a su vez, una estructura en forma de cono, que constituye el órgano olfatorio propiamente dicho. Debajo de él hay tres células sensoriales provistas cada una de una prolongación sensible a los estímulos (las dendritas) que conecta con el interior del cono. Éste muestra, a su vez, perforaciones laterales con objeto de que las moléculas olorosas puedan llegar hasta las dendritas. Las tres células sensoriales están rodeadas por otras células que, además de actuar como envoltura, proyectan constantemente al exterior cierta cantidad de líquido, lo que impide la desecación de las dendritas**.

¿Cómo funcionan las células sensoriales internas? Para observar su actividad es necesario utilizar microelectrodos y un aparato electrofisiológico como el que ya conocemos. El primer electrodo, consistente en un tubito de cristal lleno de un líquido conductor, se inserta en el cono y el segundo, en la cavidad de la antena llena de sangre. Por último, ambos electrodos se conectan al oscilógrafo a través del amplificador.

Con ayuda de un abanico se crea a continuación una ligera corriente de aire que impulsa la sustancia olorosa

---

* Estas sustancias son fundamentalmente ácidos grasos no saturados, alcoholes y aldehídos.

** Cuando se secan, interrumpen inmediatamente su actividad o sucumben. Los órganos vivos sólo trabajan si están "húmedos".

hacia la antena. Al chocar con ésta, las moléculas olorosas penetran en la fosa y excitan las células sensoriales. En la pantalla del oscilógrafo se observa entonces una oscilación en la tensión, que no es otra cosa que el potencial receptor o generador que ya conocemos. Si implantamos los electrodos a mayor profundidad es posible que logremos, con un poco de suerte, provocar el correspondiente potencial de acción. Recordemos: el descenso del potencial de reposo desencadena potenciales de acción en el extremo inicial del axón que se suceden tanto más rápidamente cuanto más acusado es el descenso del potencial de reposo como consecuencia de la excitación. Llegados a este punto, nuestros investigadores impulsan hacia la antena una sustancia química determinada en una concentración elevada*. En la pantalla aparece entonces una rápida sucesión de picos. Al disminuir la dosis de sustancia olorosa, el trazado se hace menos abrupto y el número de "saltos" desciende. Los investigadores redujeron progresivamente la dosis hasta valores insignificantes que, sorprendentemente, continuaron provocando ondas, aunque mucho más lentas. Por último, la pantalla reflejó un único potencial de acción. Se calculó entonces la cantidad de sustancia que lo había desencadenado y así se llegó a la conclusión de que eran diez las moléculas que tenían que entrar en la fosa del órgano en un lapso de medio segundo, cantidad ciertamente pequeña. La concentración utilizada al comienzo del experimento era un millón de veces más alta. El órgano olfatorio había registrado por tanto diez millones de moléculas en medio segundo.

Como es lógico, este resultado es aplicable únicamente al hexanal, que fue la sustancia empleada. Los investigadores citados repitieron este mismo experimento con otras 400 sustancias cuya composición química presentaba ligeras variaciones respecto al hexanal inicial. Basándo-

---

* Concretamente el aldehído trans-2-hexanal.

se en los resultados, elaboraron una teoría acerca del mecanismo mediante el cual las células olfatorias perciben las diferentes moléculas olorosas y distinguen unas de otras.

En la superficie exterior de las dendritas de las células sensoriales existen unas moléculas especiales que captan las moléculas de las innumerables sustancias olorosas que penetran por los orificios de la fosa. Ambos tipos de moléculas se acoplan como las piezas de un rompecabezas y, al hacerlo, modifican el campo eléctrico de la superficie dendrítica. Si esto sucede simultáneamente o con intervalos mínimos en varios puntos, el potencial de reposo desciende lo suficiente como para desencadenar un potencial de acción. Al parecer existen diversos tipos de moléculas detectoras. En opinión de los científicos, si una molécula olorosa no se acopla perfectamente con la detectora, la excitación es invariablemente débil. Con todo, esta explicación es de momento una mera hipótesis científica y aunque existen numerosos indicios que las apoyan, aún no ha sido confirmada ni refutada.

Profundicemos un poco más en esta teoría. Si, de acuerdo con ella, cada molécula olorosa necesita encontrar a su pareja exacta, tendrían que ir de un lado a otro ensayando varias posibilidades, como un puzzle, hasta dar con ella, lo que queda totalmente descartado dada la enorme cantidad de sustancias químicas susceptibles de exhalar olor. Por otra parte, en los laboratorios químicos se pueden "fabricar" hoy día fragancias totalmente nuevas. Los órganos olfatorios, sin embargo, no establecen ninguna diferencia entre olores naturales y artificiales. Tampoco es lógico pensar que un órgano olfatorio puede tener tantas moléculas detectoras como sustancias olorosas, naturales o artificiales, existen en la naturaleza o puedan crearse en el futuro.

No obstante, la mayoría de los animales, así como el hombre, son capaces de percibir gran cantidad de olores y de distinguir perfectamente unos de otros. Lo más probable es que las piezas de nuestro "rompecabezas olfato-

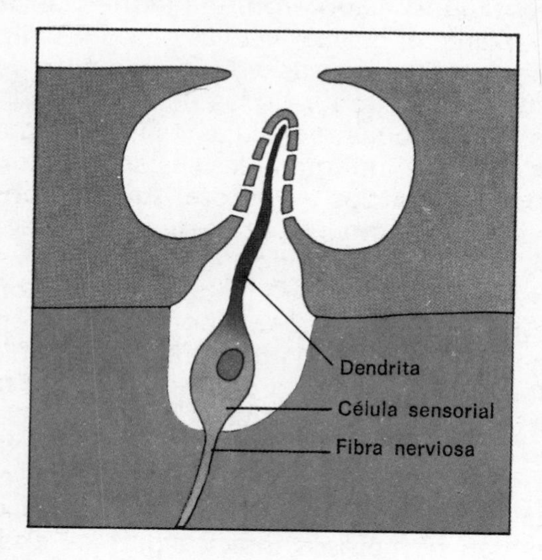

Fig. 4-5. Órgano olfatorio de la langosta migradora.

rio" no encajen perfectamente unas con otras y que sean las detectoras las que procuren acomodarse a las olorosas.

Supongamos, por ejemplo, que hemos heredado una vieja mansión con cerraduras y llaves muy antiguas, y que alguien ha echado todas las llaves en un cesto. Las cerraduras de este tipo no son tan precisas como las actuales y a menudo pueden abrirse con varias llaves diferentes. Si

Fig. 4-6. *Arriba:* Mediante sus antenas velludas los gusanos de seda machos son capaces de filtrar cantidades mínimas de moléculas olorosas que flotan en el aire. *Centro izquierda:* Los pelillos olfatorios miden sólo 0,1 milímetro de longitud. *Centro derecha:* Las flechas muestran los poros de los pelillos olfatorios. *Abajo izquierda:* Sección de un pelillo olfatorio. La flecha señala el emplazamiento de un poro. En el interior se distinguen claramente dos dendritas (bordeadas con un trazo grueso). *Abajo derecha:* Canal (flecha) por el que las moléculas olorosas llegan hasta las células sensoriales (aumentado 75.000 veces).

LÁMINAS

Lámina 1-2. Una bandada de estorninos en pleno vuelo. ¿Cómo se comunican los pájaros?

◀ **Lámina 1-1.** Un investigador de la conducta imita el aullido de los lobos, cuya reputación de animales sanguinarios no se corresponde en absoluto con la realidad, como han revelado estudios recientes sobre su comportamiento. El aullido es sólo una de las múltiples formas de comunicación que hacen posible la convivencia pacífica en la manada. Podrá encontrarse más información sobre este tema en las páginas 174 y 177.

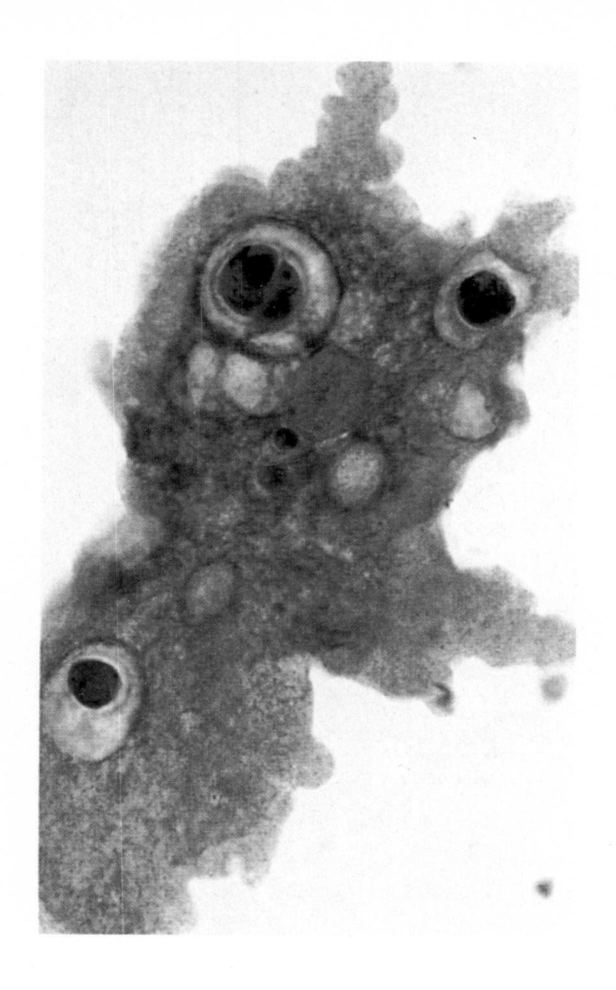

Lámina 2-1. Una ameba capturando partículas alimenticias que luego digerirá en las vacuolas digestivas. Para poder observarla mejor al microscopio, se tiñe a la ameba artificialmente.

Lámina 2-2. Una cochinilla del desierto abandona su guarida para buscar alimento. Su compañero adopta inmediatamente el papel de vigilante.

Lámina 2-3. Una familia de cochinillas: uno de los progenitores vigila la guarida mientras las crías exploran los alrededores en busca de alimento.

Lámina 2-4. Mariposa tigre abandonando el capullo. Las alas son todavía blandas y débiles y tendrá que pasar algún tiempo hasta que alcancen su pleno desarrollo. ▶

Lámina 2-5. Mariposa tigre macho con los apéndices pilosos desplegados.

Lámina 2-6. Fotografía aumentada de los apéndices pilosos.

Lámina 2-7. *Arriba:* Mariposa tigre macho libando en una planta seca. El número sirve como señal identificativa. *Abajo:* Las flechas señalan el emplazamiento de las androconias, presentes sólo en los machos.

Lámina 2-8. En la fotografía se aprecia claramente cómo este ejemplar macho de mariposa tigre, al que le fue extirpada la escama de la androconia, intenta introducir el apéndice piloso en el hueco correspondiente a aquélla.

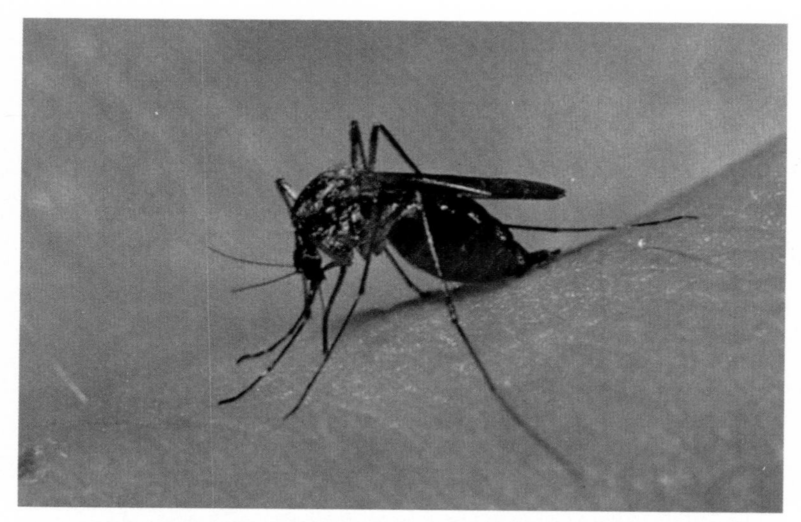

Lámina 2-9. *Arriba:* Un mosquito hembra chupando la sangre de su víctima. *Abajo:* Cabeza de un mosquito macho vista desde abajo. En la fotografía se aprecian claramente los grandes ojos y, encima, los órganos de Johnston, de los que arrancan las antenas velludas.

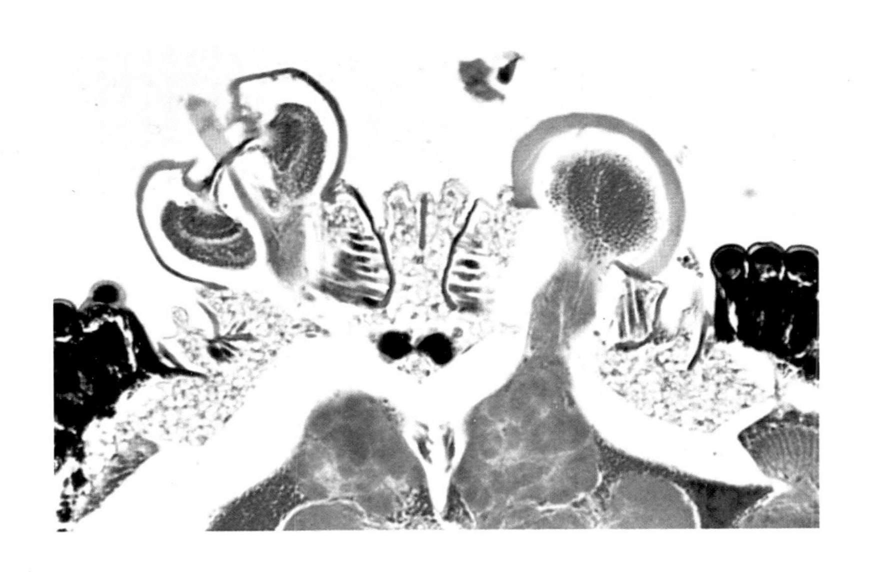

Lámina 2-10. Corte microscópico de la cabeza de un mosquito macho. A la izquierda se distingue la forma semiesférica del órgano de Johnston.

Lámina 4-1. Barrenillos abriéndose paso en la madera.

Lámina 4-2. Galerías excavadas por los barrenillos.

Lámina 4-4. *Thanasimus formicarius* siguiendo el rastro de los barrenillos.

◀ **Lámina 4-3.** Intrincada red de corredores excavados por los barrenillos y sus larvas.

Lámina 4-5. Los rastros olorosos desempeñan un papel muy importante en la vida de los tejones.

Lámina 4-6. Los jabalíes tienen muy desarrollado el sentido del olfato, y lo utilizan también para comunicarse entre sí.

Lámina 4-7. *Arriba:* El saltamontes capta los olores a través de las antenas. *Abajo:* En las antenas de la langosta migradora se alojan órganos olfatorios extremadamente sensibles.

Lámina 5-1. *Arriba:* En la piquera, las abejas "ventiladoras" baten las alas para asegurar la ventilación de la colmena. *Abajo:* Una recolectora entregando el néctar a una compañera. El agua se transporta de la misma manera.

Lámina 5-2. Hacia el vigésimo día de vida, las obreras desempeñan el papel de guardianas en la piquera. Para evitar que penetren en la colmena intrusos se sirven del olfato; sin embargo, las abejas extraviadas suelen "sobornarlas" fácilmente ofreciéndoles néctar.

Lámina 5-3. *Izquierda:* Enjambre de abejas. *Derecha:* El apicultor introduciendo el enjambre en una caja preparada al efecto.

Lámina 5-4. Enjambre posado en un árbol.

Lámina 5-5. Las abejas de un enjambre siguen con atención la danza abdominal de una exploradora. ▶

Lámina 5-6. Desde la piquera, las abejas impregnan el aire con un olor característico.

Lámina 5-7. En la fotografía se aprecia claramente la posición de la glándula olorífera.

Lámina 5-8. Abeja reina rodeada por su corte. El apicultor ha marcado a la reina con una plaquita de color.

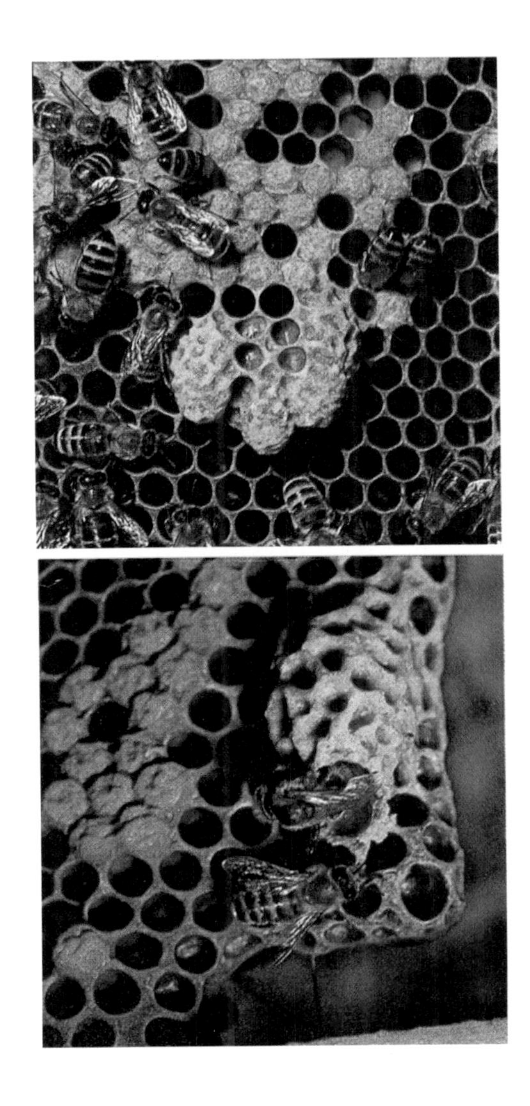

Lámina 5-9. *Arriba:* Tres celdas de reina. *Abajo:* Reina emergiendo de la fase de pupa.

Lámina 5-10. Obrera alimentando a un zángano. Los zánganos se identifican fácilmente por sus enormes ojos.

Lámina 5-11. Hormigas aladas saliendo del nido.

Lámina 5-12. Cuando se sienten amenazadas, las hormigas rojas proyectan ácido fórmico al aire.

Lámina 5-13. Las hormigas cuidan a determinadas especies de pulgones como si se tratara de animales domésticos.

Lámina 5-14. Abejas construyendo un panal. A veces se cuelgan unas de otras hasta llegar al suelo.

Lámina 5-15. Los panales son una obra maestra de arquitectura. Las celdas se han dispuesto alternadas para aprovechar mejor el espacio.

Lámina 5-16. En la cabeza de la libélula gigante destacan sus enormes ojos compuestos.

Lámina 5-17. Mancha oscura móvil en el ojo de una libélula gigante. Más información en el texto, páginas 157 y 158.

Lámina 6-2. Tanto los gallos como las gallinas deciden el puesto que les corresponde ocupar en su jerarquizada sociedad mediante combates en toda regla. Una vez establecido, el orden se respeta durante mucho tiempo.

◀ **Lámina 6-1.** El canto del gallo es a la vez un grito de guerra, una llamada a las hembras y una forma de marcar el territorio.

Lámina 6-3. Cuando el gallo desea expresar su estado de ánimo respecto a las gallinas emite un sonido característico que suena como "glo-glo-glo".

Lámina 6-4. El rostro de un lobo expresa perfectamente su estado de ánimo. ▶ Basándonos en los dibujos comparativos de la figura 6-2 podemos decir que la actitud de este ejemplar es amistosa (boca y hocico) y confiada (posición de las orejas).

Lámina 6-5. El sentido del olfato desempeña un papel fundamental en la vida del lobo.

Lámina 6-6. Esta actitud amenazadora expresa agresividad y miedo a la vez.

Lámina 6-7. ¿Cómo cabría interpretar la expresión de este lobo?

Lámina 6-8. *Arriba:* Invitación al juego. *Abajo:* Lobo adulto jugando con un ▶ lobezno.

Lámina 6-9. Cuando los lobos juegan se inhibe su tendencia a morder. lo que evita posibles lesiones.

Lámina 6-10. Con esta postura indican su disposición para el juego.

Lámina 6-12. La cebra de Grant, que constituye una subespecie, convive pacíficamente con otras especies en el cráter del Ngorongoro.

◀ **Lámina 6-11.** Cebras de Grant pastando a los pies del Kilimanjaro, en el parque nacional de Amboseli (Kenia).

Lámina 6-13. Cebras y ñús junto a un abrevadero.

Lámina 6-14. Tres delfines mulares *(Tursiops truncatus)* de gran tamaño. Estos simpáticos animales viven en casi todos los mares, incluidas las frías aguas del mar del Norte.

Lámina 6-15. Una ballena blanca o beluga *(Delphinapterus leucas).*

Lámina 6-16. Delfines comunes *(Delphinus delphis)*, en alta mar.

Lámina 6-17. Alimentación de los delfines. Fotografía tomada en el zoo de Duisburgo, donde existe un centro dedicado al estudio de las ballenas blancas y los delfines dirigido por el doctor Wolfgang Gewalt.

Lámina 6-18. Makapuu ostenta el récord de salto de altura con 6,60 metros.

Lámina 6-19. Los delfines son excelentes saltadores, como demuestra esta fotografía tomada en el parque de Marineland de Oahu, Hawai (EE.UU.).

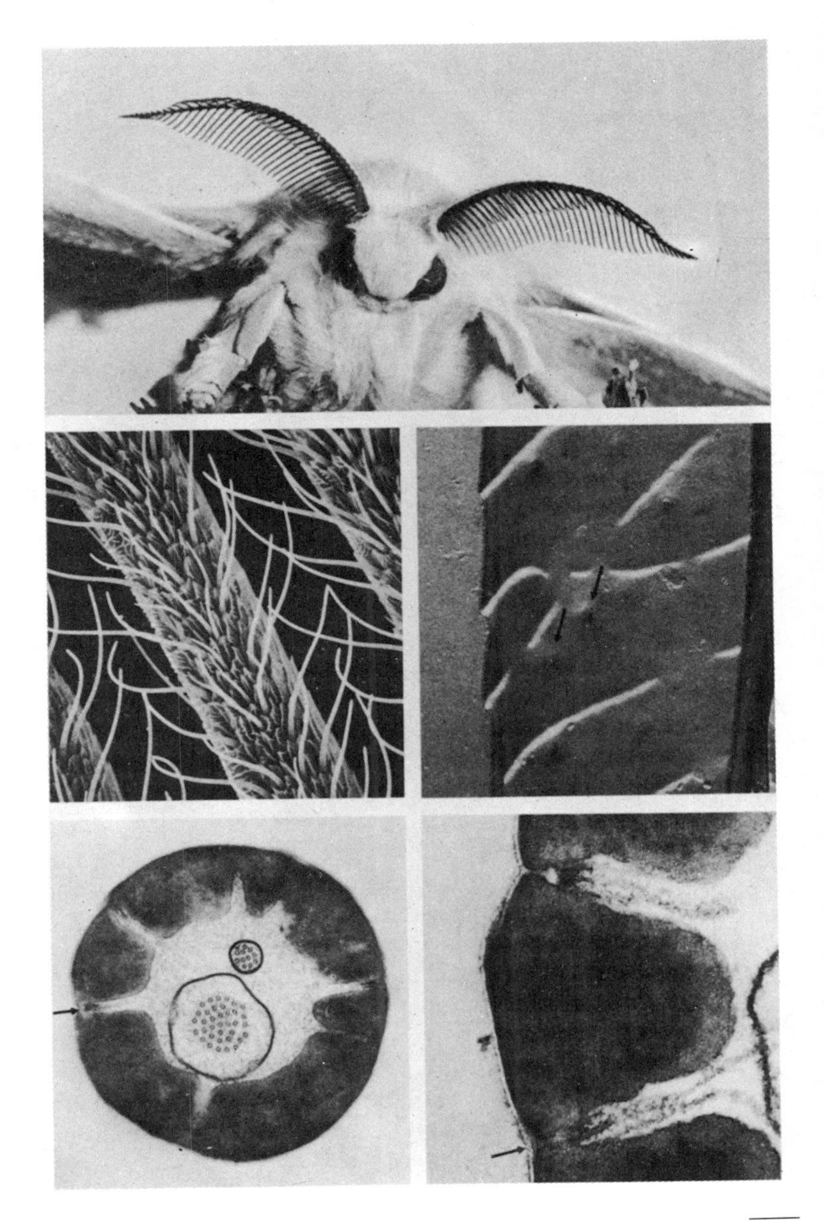

la llave es la correcta, la puerta se abre al primer intento, pero si no es así, cuesta más trabajo y a veces hay que probar varias hasta encontrar una que sirva. Nuestra misión consiste en hallar la llave correcta de todas las cerraduras y comprobar cuáles pueden abrir otras puertas en caso de emergencia. La única solución es ir con el cesto de una habitación a otra y probar todas y cada una de las llaves en todas las cerraduras. Para no cometer errores, numeramos las llaves y anotamos los resultados en un cuaderno. «La llave número 1 abre perfectamente la puerta principal y, con un poco de trabajo, las del salón y la cocina; en las demás no entra. La llave número 2 abre sin dificultad la puerta de la cocina y, con algo de esfuerzo, la principal; en las demás no entra. La llave número 3 abre la puerta del dormitorio a la primera y, con algo de dificultad, la del salón, etc.»

De momento nos conformaremos con estas tres llaves. Nuestras notas nos informan de dos cosas: de las llaves que abren cada puerta y del grado de semejanza que existe entre las diversas cerraduras. Si éstas fueron como las modernas de seguridas, que únicamente pueden abrirse con una llave determinada, careceríamos del segundo dato.

Volviendo al punto de partida: tal como se desprende del ejemplo de las llaves, el rompecabezas molecular, a pesar de no ser del todo "exacto", tiene la ventaja de suministrarnos informaciones adicionales. Por ejemplo, bastaría con que hubiera tres tipos diferentes de moléculas detectoras que, a su vez, podrían recopilar en una especie de ficha las impresiones obtenidas de las moléculas de una sustancia olorosa determinada. Este "archivo" particular les permitiría identificar miles de olores diferentes, análogamente a lo que sucede con los colores. Como es sabido, mezclando tres colores básicos pueden obtenerse infinitas combinaciones y tonalidades. Los órganos olfatorios no envían a la central nerviosa la información ya elaborada, sino que esta tarea compete al cerebro. Basándose en las características de la sustancia en cuestión, que le llegan como una sucesión de potenciales de acción, el cerebro elabora una sensación olorosa que, a continuación, compara con otras sensaciones almacenadas. Tal como apuntamos al comienzo de este capítulo, Dietrich Schneider ha estudiado también el gusano de seda*. Las hembras atraen a los machos valiéndose de una feromona sexual, cuya estructura química fue descubierta por el bioquímico y premio Nobel Adolf Butenandt** y sus colaboradores. Este descubrimiento causó gran sensación en los ambientes científicos y poco tiempo después pudo fabricarse en el laboratorio, comprobándose que el producto sintético producía en los machos el mismo efecto que el natural.

Schneider y su equipo acometieron entonces la tarea de estudiar la capacidad olfatoria de los gusanos de seda machos con ayuda de la feromona sintética. Poco a poco fueron reduciendo la dosis utilizada hasta llegar a 200 moléculas de feromona por centímetro cúbico de aire, que fue la dosis más baja percibida por los machos, tal como ponían de manifiesto con sus gestos (batían las alas y corrían excitados de un lado a otro).

Esta ínfima cantidad es casi imposible de imaginar. Si, por ejemplo, echáramos al mar 100 litros de este afrodisíaco, que es más o menos la capacidad de un barril de cerveza grande, y esperáramos a que se distribuyera uniformemente por todos los océanos, en cada centímetro cúbico de agua habría unas 200 moléculas de la sustancia vertida, que es la dosis mínima que un gusano de seda macho es todavía capaz de oler.

Ni siquiera el mejor sabueso posee un olfato semejante. Para que un perro distinga un olor, debe haber,

---

* *Bombyx mori.*

** Adolf Butenandt, nacido en 1903, trabaja en Munich como bioquímico. Ha estudiado las hormonas sexuales y los efectos bioquímicos de los factores hereditarios. En 1939 fue galardonado con el premio Nobel.

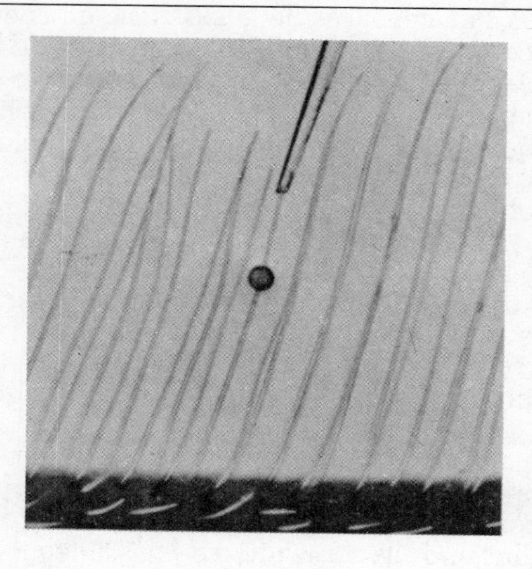

Fig. 4-7. Con objeto de derivar los potenciales de acción de un pelillo olfatorio se colocó un electrodo de vidrio sobre el extremo partido del mismo. Para excitar el pelillo se utilizó otro capilar (círculo oscuro).

como mínimo, 1.000 moléculas por centímetro cúbico de aire. Sin infravalorar en absoluto la extraordinaria capacidad olfatoria del gusano de seda macho, no debemos olvidar que esta agudeza se manifiesta únicamente ante una sustancia determinada, la feromona sexual, lo que en cierto modo le convierte en un especialista. Un perro, en cambio, es capaz de oler gran número de sustancias diferentes, si se presentan en concentraciones algo más elevadas.

Para detectar la presencia de cantidades mínimas de sustancias olorosas, los científicos utilizan cromatógrafos de gases*, que son aparatos sumamente sensibles, en

* El cromatógrafo de gases permite separar las sustancias volátiles.

cuyo funcionamiento no vamos a entrar, ya que lo que realmente nos interesa es su sensibilidad. Para que el aparato registre algo, ha de haber, como mínimo, diez mil millones de moléculas de la sustancia en cuestión en un centímetro cúbico de aire, es decir, los medios técnicos a nuestro alcance son infinitamente inferiores a los órganos olfatorios de los animales.

En relación con este tema cabe formularse otra pregunta no menos interesante: ¿Hasta qué distancia actúan las sustancias olorosas como señales químicas? Mediante estudios y ensayos de diverso tipo se ha comprobado lo siguiente: con un viento moderado de un metro por segundo, una mariposa nocturna hembra en celo deja un rastro de 200 metros de ancho y 5 kilómetros de largo. Si el viento sopla con más fuerza, el rastro aumenta hasta 10 kilómetros y si no hay viento, el radio de acción desciende notablemente.

Cuando se sienten amenazadas, las hormigas secretan una feromona que actúa en un radio de acción de 6 centímetros, mientras que las marcas que depositan para señalar el camino sólo son eficaces en un radio de acción de 6 milímetros. Los valores varían, pues, considerablemente de un caso a otro, lo que tampoco tiene nada de extraño, ya que, por un lado, dependen de la cantidad de sustancia excretada y de su forma de distribución y, por otro, de la sensibilidad del órgano olfatorio.

A pesar de nuestros esfuerzos por profundizar en el conocimiento de las formas de comunicación utilizadas por los animales, no hemos avanzado demasiado y con lo único que contamos por el momento es con algunas "teselas" de un mosaico mucho mayor que, no obstante, nos ha mostrado la diversidad de las posibilidades existentes. Aunque en algunos casos estas teselas nos han permitido conocer la importancia de las señales químicas, ópticas y acústicas, no encajan todavía plenamente entre sí.

Nos encontramos ahora en el mismo punto que un explorador que llevara varios meses estudiando el idioma de un pueblo desconocido. Después de escuchar los sonidos extraños, ver los gestos y observar la mímica de los nativos, habrá logrado descifrar algunas señales e identificar esta o aquella palabra, pero aún tendrá que pasar bastante tiempo hasta que hable y comprenda el lenguaje de ese pueblo.

¿Significa lo anterior que debemos darnos por vencidos y reconocer nuestra impotencia? De momento dejaremos pendiente la respuesta a esta pregunta hasta conocer el contenido del capítulo siguiente.

5. Su lenguaje es la danza

Desde hace más de cuarenta años, un verdadero "ejército" de científicos, entre los que figuran renombrados biólogos alemanes, viene ocupándose de un pequeño insecto muy bien conocido por el hombre, quien, además, se beneficia de sus productos: la abeja común *(Apis mellifica)*.

Las abejas constituyen un ejemplo típico de insecto social; viven en colonias formadas a menudo por más de 50.000 individuos en las que reina una organización perfecta, como suele ser habitual cuando un grupo numeroso de animales viven en un espacio restringido. Esta organización exige, a su vez, un cierto acuerdo entre los individuos, para lo cual necesitan comunicarse de algún modo, pues, de lo contrario, el caos sería total. Sepamos ahora si la ciencia ha logrado descifrar el "lenguaje" de las abejas.

EN EL INTERIOR DE LA COLMENA

En una esplendorosa mañana de domingo del mes de junio la familia en pleno se reúne en torno a la mesa de la terraza para saborear el desayuno, en el que no falta un tarro de miel. Apenas se han sentado todos en los confortables sillones de mimbre, cuando una abeja aparece en escena y después de describir varios círculos alrededor de la mesa, aterriza sobre el tarro de miel. Durante un minuto liba sin cesar y una vez satisfecha, emprende el vuelo en dirección a la colmena, situada en el jardín del vecino. Diez minutos más tarde, un grupo formado por más de una docena de abejas se lanza sobre la mesa del desayuno. ¿De dónde han venido? ¿Quién las ha llamado?

Partiendo de observaciones semejantes, el zoólogo Karl von Frisch* intentó desvelar el misterio. Para ello colocó un cuenco con agua azucarada en las proximidades de una colmena y cuando la primera abeja se acercó a la fuente de alimento, la marcó con una gotita de pintura para poder seguirla hasta el nido y una vez en él, reconocerla. Asimismo para poder observar cuanto acontecía en los panales, sustituyó las paredes de la colmena por paneles de cristal.

Tan pronto como llegó a la colmena, la abeja "marcada" regurgitó una gota del líquido azucarado que había libado y la repartió entre sus compañeras; a continuación comenzó a recorrer el panal describiendo círculos, unas veces hacia la derecha y otras, hacia la izquierda.

Esta danza circular pareció contagiar a sus compañeras, quienes poco después imitaban sus movimientos, formando así una rueda en la que cada miembro del conjunto tocaba con las antenas la parte posterior del abdomen de la abeja que le precedía. Al cabo de un minuto escaso, la primera abeja se separó de sus compañeras y se trasladó a otro lugar de la colmena, donde repitió la operación, es decir, primero regurgitó un pedacito del alimento ingerido, luego lo dio a probar a las abejas que revoloteaban por los alrededores y, por último, inició otra danza circular. ¿Qué significado tendría este ceremonial?

Karl von Frisch descubrió que la danza es uno de los medios que utilizan las abejas para comunicarse con sus

* Karl von Frisch, nacido en 1886, fue profesor de zoología en Munich. En 1973 fue galardonado con el premio Nobel por sus investigaciones acerca de la actividad sensorial y el sentido de orientación de las abejas.

Fig. 5-1. Danza abdominal ejecutada sobre un panal vertical. Si abrimos un libro por la mitad y levantamos una parte tal como muestra el dibujo inferior, obtendremos la misma relación de posición que las abejas en el panal: el ángulo formado por la flecha que señala la dirección hacia arriba (flecha horizontal) y la descrita con el abdomen (flecha diagonal) es el mismo que el ángulo existente entre el Sol y la fuente de alimento en la figura 5-2. Si llevamos la parte del libro levantada a la posición horizontal, obtendremos la misma relación que cuando las abejas ejecutan la danza abdominal sobre la plataforma de vuelo horizontal. En este caso, la flecha horizontal señala directamente hacia el Sol.

compañeras y transmitirles una información muy concreta que, traducida a nuestro idioma significaría: «¡Atención! He descubierto un lugar donde abunda el alimento que acabáis de probar. ¡Salid inmediatamente a buscarlo!»

Obedeciendo sus indicaciones, las otras abejas, que comprenden perfectamente el mensaje, parten en busca del alimento. Primero vuelan alrededor de la colmena y si no lo encuentran, van describiendo círculos progresivamente más amplios hasta dar con él.

LA DANZA DE LAS ABEJAS

Un buen día, el profesor von Frisch situó la fuente con el agua azucarada a varios cientos de metros de la colmena. En esta ocasión transcurrió bastante tiempo hasta que una abeja la descubrió, pero, en cambio, las compañeras a las que comunicó el hallazgo no revolotearon primero por la zona, sino que desde la colmena se dirigieron en línea recta hacia ella. Pero las sorpresas no pararon aquí. Al regresar a la colmena y una vez cumplidos todos los preliminares, la "exploradora" no inició, como en ocasiones anteriores, la danza circular, sino que esta vez describió una especie de ocho, trazando una línea recta entre los dos círculos al tiempo que movía el abdomen de un lado a otro. A fin de descifrar el significado de este mensaje, von Frisch volvió a situar el agua azucarada cerca de la colmena y luego la fue alejando progresivamente. Cuando la distancia entre una y otra era inferior a 100 metros, las abejas realizaban la danza circular; pero si era mayor, entonces ejecutaban la danza del abdomen descrita, cuyos movimientos se hacían más lentos cuanto mayor era la distancia, como si el largo vuelo las hubiera agotado. De este modo se averiguó que la velocidad con que las abejas ejecutan la danza del abdomen está relacionada directamente con la distancia existente entre la colmena y la fuente de alimento.

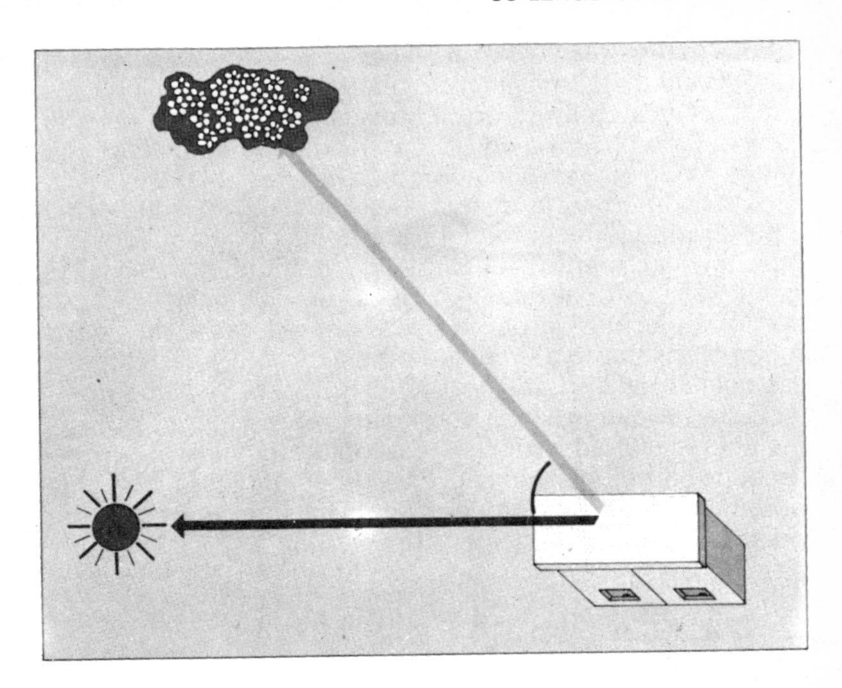

Fig. 5-2. Posición de la fuente de alimento —en este caso, una pradera cubierta de flores— respecto al Sol (flecha horizontal) y a la colmena (flecha diagonal). La abeja registra las variaciones en la posición del Sol y lo notifica a sus compañeras mediante movimientos característicos del abdomen. Para mantener el rumbo exacto hasta la fuente de alimento, las abejas utilizan el Sol como punto de referencia.

Una vez hecho este trascendental descubrimiento y valiéndose de un simple cronómetro, nuestro investigador pudo determinar con una precisión asombrosa cómo informaban las exploradoras a sus compañeras de la distancia que les separaba de una fuente de alimento. Cuando ésta se encontraba a 100 metros, las abejas hacían oscilar el abdomen 10 veces en 15 segundos; a 500 metros lo movían solamente 6 veces, a 1.000 metros 3 veces y a

2.000 metros, tan sólo 2 veces. Si la distancia era de 10.000 metros, únicamente realizaban el paso una vez cada veinticinco segundos. Estos valores se obtuvieron sin viento. Con el viento en contra, los movimientos eran más lentos y con el viento a favor, más rápidos, es decir, los insectos no medían la distancia exacta, sino que indicaban a sus compañeras el trabajo que a ellas les había costado descubrir la fuente de alimento, refiriéndolo exclusivamente al vuelo de ida. Así pues, mediante la velocidad con que ejecutan la danza del abdomen, las abejas transmiten a sus compañeras de colmena informaciones precisas acerca de la duración del vuelo hasta el alimento.

Este descubrimiento no explica, sin embargo, por qué las abejas alertadas por las exploradoras vuelan en línea recta hacia el lugar indicado. Evidentemente, la danza del abdomen debe de contener también alguna información acerca de la posición.

LA BRÚJULA SOLAR DE LAS ABEJAS

La línea recta que las abejas describen durante la danza del abdomen indica la dirección en la que se encuentra la fuente de alimento. No obstante, estas indicaciones solamente son válidas si luce el sol. Cuando el cielo está cubierto, parecen confundidas y son incapaces de orientarse, de lo que cabría deducir que las abejas se orientan por dicho astro.

La danza sobre la tablilla de aterrizaje delante de la piquera no es el caso normal, pues en ella no suele haber muchas abejas; el grueso de la colonia se encuentra, por lo general, en el interior de la colmena, donde reina una oscuridad total. No obstante, las exploradoras ejecutan también aquí su danza característica y en este caso no pueden orientarse por el sol. Por otra parte, en el interior no existe ninguna superficie horizontal (los panales son siempre verticales), pero a pesar de todos estos obstácu-

Fig. 5-3. Recolectora ejecutando la danza circular sobre el panal. Sus compañeras comprenden perfectamente el mensaje.

los, las abejas se las arreglan perfectamente para comunicarse con sus compañeras. En lugar de utilizar el Sol, estos insectos se orientan hacia arriba, es decir, en dirección contraria a la fuerza de la gravedad. El vuelo hacia arriba sobre los panales verticales significa que la fuente de alimento se encuentra en dirección hacia el Sol y el vuelo hacia abajo, lo contrario, esto es, que la fuente debe buscarse en la dirección opuesta al Sol (figs. 5-1 y 5-2). Si el alimento se halla 40 grados a la izquierda del Sol, saliendo de la colmena, la exploradora lo señalará así con sus movimientos. El ángulo entre la dirección del movimiento y la vertical hacia arriba es igual al que las recolectoras habrán de mantener respecto al Sol para llegar a la fuente de alimento.

Realmente parece increíble que un insecto tan diminuto sea capaz de traducir su ángulo de vuelo respecto al Sol en un ángulo respecto a la gravedad. Más sorprendente todavía es que esta capacidad de "traducir" o, si se prefiere, "trasponer" la posean también otros insectos*.

De acuerdo con las observaciones descritas podríamos decir que el "lenguaje de las abejas", que en realidad es más bien un "código silencioso", consiste en una serie de movimientos determinados mediante los cuales transmiten informaciones concretas.

Como los científicos no hallaron en las abejas órganos auditivos de ningún tipo, excluyeron la posibilidad de que se comunicaran mediante sonidos, pero, una vez más, les aguardaba todavía una sorpresa.

En 1960 un recién doctorado llamado Harald Esch, que trabajaba en el laboratorio del profesor von Frisch, construyó un señuelo tan parecido a una abeja exploradora que hasta imitaba los típicos movimientos abdominales. Para ello, Esch registró dichos movimientos en una cinta magnética con la que, a continuación, guió al señuelo. Las auténticas abejas no percibieron la diferencia y siguieron fielmente a su compañera artificial, pero no salieron en busca de alimento, tal como hubiera cabido esperar. Evidentemente, en el reclamo debía existir algún fallo. Al estudiar minuciosamente sus grabaciones magnetofónicas Esch descubrió que las abejas producían un ruido muy característico con las alas que duraba tan sólo unas fracciones de segundo y que faltaba en la falsa abeja.

Ahora bien, si las abejas carecen de órganos auditivos ¿cómo perciben los sonidos? Lo más probable es que capten las vibraciones con las patas. Tras algunos ensa-

* Si colocamos a un escarabajo del género *Geotrupes* sobre una superficie horizontal y lo iluminamos con una luz artificial, en sus desplazamientos mantendrá el ángulo respecto a la fuente luminosa. Si a continuación colocamos dicha superficie en vertical y reducimos la intensidad de la luz, manteniendo tan sólo una iluminación superior difusa, el coleóptero, al igual que la abeja, transformará el ángulo respecto a la fuente luminosa en un ángulo respecto a la gravedad.

yos, los científicos han logrado descifrar el significado de los sonidos mediante los cuales las exploradoras indican a sus compañeras la duración del vuelo hasta la fuente de alimento. Los sonidos en sí, que van seguidos de una breve pausa, tienen una duración variable y cuanto mayor es ésta, más lejos se encuentra el objetivo. Así pues, la información acerca de la duración del vuelo se transmite de dos maneras. A pesar de que el "mensaje sonoro" resulta en cierto modo superfluo, las abejas no salen en busca del alimento si no lo "escuchan". ¿Encerrarán tales sonidos algún mensaje adicional que estimula a los insectos a abandonar la colmena? Los científicos no han hallado todavía la respuesta.

LA COLMENA: UNA VIVIENDA TOTALMENTE ACONDICIONADA

Tras algunos días de tiempo casi primaveral, el invierno se ha recrudecido y el viento gélido ha traído de nuevo agua y nieve. Los insectos, que habían comenzado a desperezarse del largo letargo invernal, dejándose acariciar por los cálidos rayos del Sol, se han visto obligados a buscar precipitadamente un refugio, donde esperan ateridos a que la situación mejore. En la colmena, en cambio, reina el estado habitual. Sea cual sea la temperatura exterior, en la cámara de cría, que es la que se encuentra a mayor profundidad, la temperatura es siempre de 35 °C, es decir, casi la del cuerpo humano. ¿Cómo se las arreglan estos insectos para mantener una temperatura prácticamente constante en la colmena?

Cuando están en reposo, la temperatura de su cuerpo es análoga a la del medio ambiente, pero cuando mueven los músculos generan calor, al igual que todos los seres vivos. El trabajo muscular implica siempre producción de calor. El combustible para los músculos es simplemente azúcar, glucosa, que se suministra de forma permanente diluido en la sangre. El azúcar se desintegra por procedimientos químicos y la energía liberada se transforma en su mayor parte en calor y en fuerza muscular*. El calor liberado durante un esfuerzo muscular lo percibimos con toda claridad cuando corremos o escalamos una montaña.

Así pues, la utilización de la fuerza muscular implica necesariamente la producción de calor y éste es también el único procedimiento de que disponen las abejas para combatir el frío. Moviendo los músculos, una sola abeja consigue aumentar la temperatura en 1/10 de grado, lo que resulta a todas luces insuficiente, pero si miles de abejas mueven los músculos al mismo tiempo, se convierten en una especie de calentador viviente, que, por lo general, se sitúa en los panales de cría por ser éste el lugar más cálido de la colmena.

Una sola abeja genera aproximadamente 0,1 calorías por minuto**, lo que significa que una colonia normal, formada por unas 20.000 obreras, produce fácilmente 2.000 calorías por minuto, cantidad más que suficiente para calentar, al menos teóricamente, 100 centímetros cúbicos de agua, que es más o menos la capacidad de una taza de café, a 20 °C en un minuto. Esta temperatura no suele alcanzarse, ya que siempre se producen pérdidas debido a la radiación o a un aislamiento deficiente.

Si no hay larvas que proteger, las abejas se agrupan en el invierno en el centro de la colmena, en la cual la temperatura oscila entre 20 y 30 °C, sin que descienda jamás por debajo de 17 °C. En un invierno excepcionalmente riguroso, en el que los termómetros descendieron hasta −28 °C, las abejas mantuvieron una temperatura de 31 °C en el interior de una colmena, lo que significa que

---

* La relación entre la energía liberada en forma de fuerza muscular y la energía global se denomina “rendimiento” o “efecto útil”. Los motores térmicos, como las máquinas o las turbinas de vapor o los motores Diesel o de gasolina, tienen un rendimiento inferior al de los músculos.

** Según el nuevo sistema de medida equivalen a 0,4186 julios por minuto.

entre el interior y el exterior llegó a haber una diferencia de 59 °C.

Ya conocemos los recursos utilizados por las abejas para generar calor, pero ¿cómo logran mantener la temperatura? Lo lógico sería pensar que cuando ésta desciende en la colmena, agitan los músculos con más fuerza, pues para ello disponen de termorreceptores muy sensibles en las antenas con los que detectan variaciones de hasta 1/10 de grado. Sin embargo, las observaciones han demostrado que la regulación térmica es más complicada de lo que en principio parecía.

Cuando la temperatura exterior desciende, las abejas se aprietan más entre sí y la masa que forman se hace más pequeña. Las que se encuentran en el centro, es decir, en la zona más cálida, son las que, sorprendentemente, mueven los músculos para producir calor, mientras que las de la periferia, donde hace más frío, permanecen inmóviles. Lo lógico sería que sucediera lo contrario, pero en tal caso resultaría más difícil conservar el calor. Así pues, todo parece indicar que las abejas del centro actúan a modo de "calefacción central", ya que, entre otras cosas, están en mejores condiciones para generar calor debido a su metabolismo más alto, condicionado, a su vez, por su temperatura corporal más elevada. Por su parte, las que ocupan las posiciones exteriores forman una "barrera aislante" que detiene o, al menos, reduce las pérdidas.

Todavía no sabemos qué impulsa a las abejas situadas en el centro a generar calor, ya que no tienen ninguna necesidad de hacerlo, pues se hallan en el lugar más confortable y desconocen el frío que hace en el exterior. ¿Cómo se informan de éste?

Al observar detenidamente la masa de abejas puede verse que aquellas que forman la barrera aislante penetran cada cierto tiempo en el interior para calentarse, mientras que las del centro pasan a ocupar su puesto en el exterior, donde al enfriarse interrumpen su actividad muscular. Por su parte, las que "llegan del frío" actúan a modo de estí-

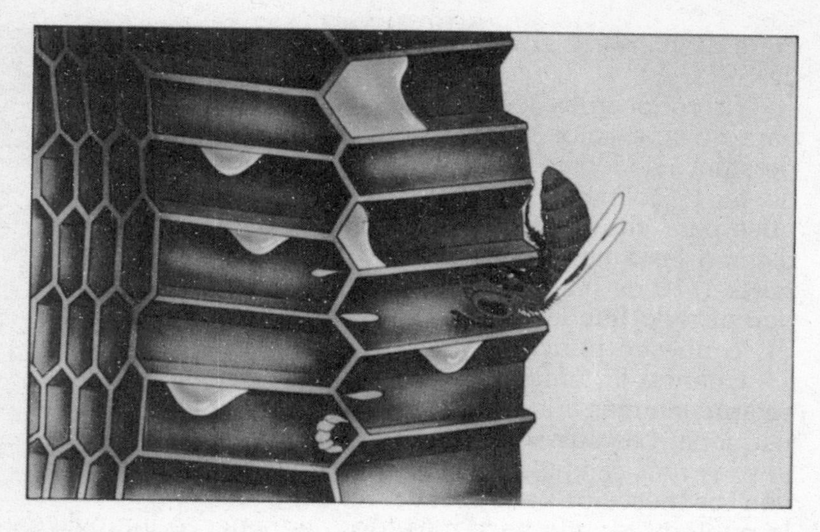

Fig. 5-4. Para acelerar la evaporación de las gotas de agua que introducen en las celdillas y reducir así la temperatura de la colmena, las abejas baten fuertemente las alas.

mulo e impulsan a sus compañeras del centro a seguir generando calor. Si la temperatura sube de forma excesiva, las abejas se separan y la aglomeración se hace más grande, lo que favorece la pérdida de calor. A medida que se eleva la temperatura, las abejas del exterior tardan más tiempo en cambiar su puesto con otras del centro y, en consecuencia, desciende el ritmo con el que mueven los músculos, interrumpiendo por completo esta actividad cuando la temperatura es idónea. ¿Qué sucede durante el verano, cuando las temperaturas son tan altas?

Martin Lindauer* colocó una colmena a pleno sol en un campo de lava del sur de Italia donde solían registrarse

* Martin Lindauer, nacido en 1918, es profesor de zoología en la Universidad de Wurzburgo y se ha especializado en el estudio del lenguaje y en el sentido de orientación de las abejas.

temperaturas de hasta 70 °C. A pesar de semejante calor, en el interior se mantuvo una temperatura constante de 35 °C. Todo funcionó a las mil maravillas mientras las abejas tuvieron agua en abundancia, que iban a buscar a un bebedero cercano. Cuando Lindauer cubrió el bebedero, la temperatura subió peligrosamente en la colmena; los panales de cera comenzaron a fundirse y el experimento habría terminado en una catástrofe total si no se hubiera proporcionado agua al instante a los laboriosos insectos. Al cabo de muy poco tiempo se habían restablecido los 35 °C. ¿Qué relación puede haber entre la regulación térmica en el interior de la colmena y la disponibilidad de agua?

Lindauer observó lo siguiente: tan pronto como la temperatura sobrepasa los 35 °C, las recolectoras salen a buscar agua que luego depositan, gota a gota, en las entradas de las celdas. Para acelerar la evaporación del agua, las abejas baten fuertemente las alas, convirtiéndose así en auténticos "ventiladores vivientes". Para evaporar un gramo de agua se necesitan 340 calorías de calor, que se obtienen del aire ambiental, que de este modo se vuelve más frío. Todo parece indicar, por tanto, que las abejas aprovechan el frío producido por la evaporación del agua para reducir la temperatura de la colmena. Otras obreras extienden las gotas de agua ayudándose con la trompa, hasta formar una película muy fina. Cuando se ha evaporado por completo repiten la operación. Los movimientos que realizan con la probóscide tienen también un importante efecto refrigerante.

Para enfriar la colmena, las abejas necesitan agua en abundancia, con lo que se inicia así una estrecha colaboración entre las recolectoras, encargadas de transportar el agua hasta la colmena, y los individuos dedicados a extenderla para favorecer su evaporación. La tarea recolectora está reservada a las abejas que poseen más experiencia y que, por lo general, son los que actúan de exploradores y saben perfectamente dónde pueden encontrar agua.

Cuando las circunstancias lo exigen, las recolectoras de néctar no ponen el menor reparo en convertirse en "aguadoras". Una vez en la colmena, entregan su valiosa mercancía a otras obreras más jóvenes, que se encargan de extenderla convenientemente. Una vez vaciado el depósito, las recolectoras parten a llenarlo de nuevo.

¿Quién informa a las recolectoras de que en lugar de néctar han de traer agua? Al parecer no existe una comunicación directa, pues cuando en el experimento de Lindauer la colmena comenzó a calentarse en exceso, las recolectoras continuaron transportando néctar, mientras las obreras del interior lo extendían para favorecer su evaporación (el néctar es un jugo azucarado con un alto contenido en agua) y conseguir algún alivio térmico. Como es lógico, cuanto más rico en agua sea el néctar, mayor es su poder refrigerante. Cuando la temperatura es elevada, las obreras "distribuidoras" esperan ansiosas el néctar que traen las recolectoras, pero si éste contiene demasiado azúcar, prácticamente lo rechazan, en contra de su costumbre. Sin embargo, si traen agua pura, se la arrebatan con suma rapidez. Las recolectoras siguen entonces las indicaciones de sus compañeras y buscan néctar que contenga agua en abundancia o, si no, agua pura. La búsqueda de néctar o agua se rige, por tanto, por el principio de la oferta y la demanda. Cuando se ha restablecido la normalidad y el agua es rechazada, las "aguadoras" se convierten de nuevo en recolectoras de néctar hasta que surge una nueva emergencia. Probablemente, las obreras "selectoras" se sirven también de este sencillo principio para indicar a las recolectoras el tipo de néctar que deben buscar en cada momento.

DIVISIÓN DEL TRABAJO

Si observamos detenidamente una colmena, veremos que en ella reina una actividad frenética y, a primera vista, parece como si las abejas no hicieran otra cosa que revolotear de un lado a otro sin un objetivo determinado. Para nosotros, los hombres, las abejas son insectos anónimos cuya biografía ha constituido un misterio hasta que, un buen día, un científico decidió estudiarlas en profundidad.

Martin Lindauer se impuso la tarea de seguir de cerca la vida de una abeja. Para poder llevar a cabo cómodamente sus observaciones construyó una colmena en forma de caja y marcó un ejemplar muy joven con pintura de color. A partir de este momento, bien el propio Lindauer o alguno de sus colaboradores montaron guardia día y noche delante de la colmena, provistos de un cuaderno de notas y un cronómetro para seguir de cerca todos los pasos de la abeja seleccionada desde el mismo instante en que emergió de su capullo hasta su muerte. De este modo se averiguó que las abejas constituyen una sociedad jerarquizada en la que los distintos individuos desempeñan un cometido específico que, sin embargo, no es tan rígido como se suponía. A lo largo de su vida, las abejas realizan las actividades más diversas. Primero "trabajan" como nodrizas alimentando a las larvas y luego se convierten sucesivamente en constructoras, guardianas y recolectoras. Tal como se desprende de su denominación, las constructoras* tienen a su cargo la fabricación de los panales, las guardianas vigilan la entrada y a las recolectoras se les confía la importante misión de conseguir el alimento.

Según pone de relieve el informe de Lindauer, una misma abeja puede desempeñar las más diversas tareas en un solo día, aunque lo normal es que realice fundamentalmente aquella para la que ha sido destinada**; no

---

* Las abejas "constructoras" tienen en el abdomen ocho glándulas cerígenas en forma de escamas que secretan la cera con que construyen los panales.

** Desde el momento en que emerge de su celda, toda abeja obrera desempeña diferentes tareas: encargada de la limpieza, nodriza, constructora y guardiana. Al cabo de unas tres semanas se convierte en recolectora o pecoreadora, tarea que suele desempeñar hasta el final de su vida.

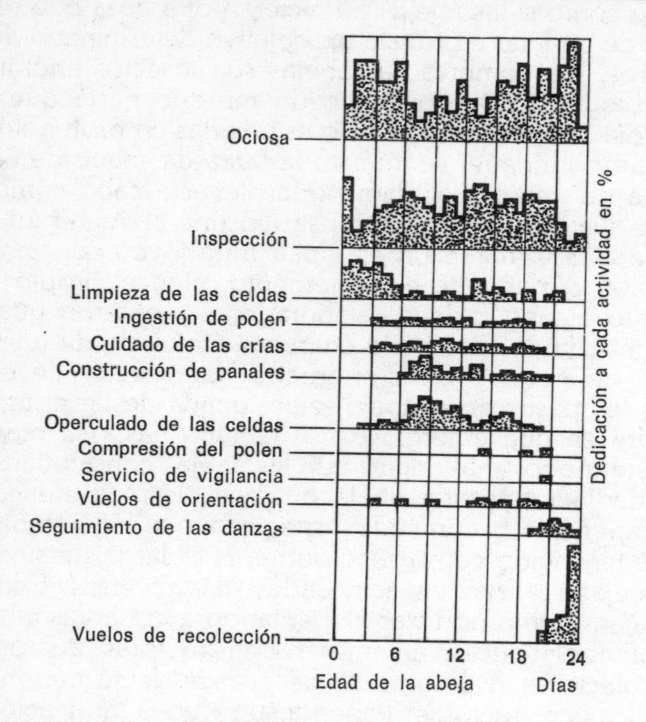

Fig. 5-5. Conjunto de actividades desempeñadas por una abeja determinada a lo largo de su vida. La edad indica el tiempo transcurrido desde que salió de la fase de pupa. No se han tenido en cuenta los 3 días transcurridos desde la puesta del huevo ni los 5 1/2 días de la fase larvaria.

obstante, en caso de necesidad pueden sustituir a cualquier compañera.

Dicho informe contiene otro dato curioso y poco conocido; las abejas "pierden" mucho tiempo revoloteando de un lado a otro o descansando. De 177 horas, nuestra abeja invirtió 56, es decir, más del 30 %, en pasearse de un lugar a otro de la colmena, y cerca de 70 en no hacer nada, lo que representa, aproximadamente, un 40 % del tiempo total. Aunque las abejas están consideradas animales muy laboriosos, en realidad habría que tildarlas de holgazanas, ya que malgastan el 71,1 % de su vida en no hacer nada o en revolotear sin rumbo fijo.

Martin Lindauer no se sintió muy satisfecho con este resultado y sometió a su abeja a una vigilancia aún más intensiva. Así descubrió que durante esos paseos sin sentido aparente, su "amiga" comprobaba si las celdas estaban lo suficientemente limpias como para que la reina pudiera depositar en ellas los huevos, si las larvas recibían el alimento necesario o si éstas habían iniciado ya la fase de pupa y había que taponar las celdas con cera; si había residuos en los pasillos que comunicaban los panales o en algún rincón escondido, o si era preciso restaurar alguna zona o construir un nuevo panal.

Todos estos recorridos de inspección terminan invariablemente en alguna actividad; es como si las abejas estuvieran siempre dispuestas a "echar una mano" allí donde haga falta y lo mismo pueden ponerse a alimentar a las larvas como a ayudar a construir un panal, limpiar la colmena o desempeñar cualquier otra tarea. Durante sus prolongados paseos se informan de los trabajos más urgentes y al instante "ponen manos a la obra". Estas abejas aparentemente ociosas desempeñan, por tanto, un papel muy importante en la colonia, ya que constituyen una especie de ejército de reserva permanentemente preparado para entrar en acción allí donde se le necesite.

En lo que respecta a la división del trabajo, la organización es también perfecta, sin necesidad de que las abejas se pongan previamente de acuerdo entre sí, lo que demuestra que las posibilidades de comunicación directa no son un requisito indispensable para una convivencia armónica. En el caso que nos ocupa, esto se debe a un comportamiento peculiar, al menos si se considera desde el punto de vista humano.

Por una parte, el comportamiento general de las abejas está subordinado a un impulso superior que les impele a actuar socialmente y a satisfacer las necesidades de la colectividad, de la que dependen por completo. Salvo algunas actividades muy concretas, como la ingestión de alimento, el aseo y el descanso, estos insectos no parecen tener otras necesidades personales.

Por otra parte, una abeja ha de ser capaz de acometer la tarea que se le ha reservado sin haberla aprendido previamente, lo que, dicho de otro modo, significa que ha de poseer una reserva suficiente de patrones de conducta instintivos que está deseosa de poner en práctica tan pronto como se le brinde la oportunidad. Por ello no necesita disponer de capacidad decisoria para llevar a cabo tal o cual actividad, sino que mientras revolotea por la colmena va buscando el estímulo que sirva de desencadenante de su comportamiento instintivo y, lógicamente, dará preferencia al que le resulte más atractivo. Las abejas no interpretan su actividad como trabajo en el sentido humano, sino como una manera de satisfacer sus impulsos instintivos.

EN BUSCA DE UNA NUEVA RESIDENCIA

"¿No nota usted nada raro?", me pregunta el apicultor mientras señala con la cabeza hacia el conjunto de colmenas que hay al otro lado de la ventana, desde donde divisamos perfectamente las diferentes plataformas de las piqueras, nombre que recibe el agujero por donde entran y salen las abejas. La actividad que reina en ellas es en verdad de un ritmo trepidante; frenética; las recolectoras que regresan cargadas con su preciosa mercancía vuelan a tanta velocidad que apenas son perceptibles para el ojo humano, confundiéndose a menudo su vuelo con un simple trazo o punto negro.

Cuando aterrizan en las plataformas observo que tienen las patas manchadas con partículas de polen amarillas, rojas o marrones, que también utilizan como alimento*. Mientras estas abejas penetran en el interior para depositar su carga, nuevas recolectoras salen en busca de alimento.

Allí, en la cuarta plataforma de la hilera central sucede algo extraño. Tanto dicha plataforma como los alrededores de la piquera, están cubiertos por multitud de individuos que revolotean de un lado a otro o simplemente descansan. Apenas se ven recolectoras. «Si tiene un poco de paciencia, quizás asista a la formación de un enjambre», comenta el apicultor.

Decido armarme de paciencia y acerco una silla a la ventana dispuesto a no perderme semejante espectáculo. La contemplación de la imparable actividad de los insectos me absorbe por completo y no sé si ha transcurrido mucho o poco tiempo cuando de repente noto una extraña nube de humo flotando en el aire. Es el esperado enjambre, formado por varios miles de abejas. Después de ir de un lado a otro, se posa en una gruesa rama de un manzano cercano. Acompaño a mi amigo el colmenero al exterior y observo cómo introduce el enjambre, con movimientos ágiles y precisos, en una caja que coloca debajo del manzano. Poco a poco, las abejas que habían logrado escapar y que, asustadas, revoloteaban a nuestro alrededor se van tranquilizando y entran también en la caja. ¿Qué habría sucedido si el apicultor no se hubiera ocupado de proporcionar al enjambre un refugio adecuado? Cuando un enjambre, compuesto por una reina y miles de obreras, abandona una colmena, no suele regresar a ella, por lo que la tarea más urgente es hallar un lugar idóneo para emplazar la nueva colmena, lo que implica construir panales, llenarlos de miel, etc. La decisión no es nada fácil, pues a menudo la supervivencia de una colonia depende del emplazamiento del nido y por ello no tiene nada de extraño que las abejas, que lo han abandonado

---

* El apicultor dice que "llevan pantalones de polen".

todo para iniciar una nueva vida, se muestren muy selectivas y exijan al lugar elegido unos requisitos mínimos. ¿Cómo descubren el emplazamiento idóneo y eligen el óptimo cuando existen varias posibilidades?

Martin Lindauer estudió también este tema y tras largos años de trabajo llegó a la conclusión siguiente: cuando el enjambre abandona la colmena suele posarse en la rama de un árbol mientras algunas exploradoras parten en busca de un lugar apropiado para construir la nueva "residencia". Cuando han descubierto algo interesante, regresan en seguida al enjambre e informan a sus compañeras. ¿De qué medios se valen para ello? La respuesta es muy sencilla: de una danza característica en la que hacen oscilar el abdomen, como cuando informan acerca de la existencia de una fuente de alimento. El propio Lindauer describe cómo hizo este descubrimiento:

«Cuando observé por primera vez estas danzas en el enjambre, pensé que las abejas que las ejecutaban eran simples recolectoras de polen o néctar que llevaban alimento a sus compañeras. Al observarlas con más detenimiento comprobé sorprendido que en sus patas no había rastros de polen ni regurgitaban el néctar. Evidentemente, no debían de ser recolectoras. Para comprobar esta suposición marcamos a las bailarinas con diferentes colores y "tradujimos" sus indicaciones con ayuda de un transportador de ángulos y un cronómetro. A continuación localizamos el lugar en un mapa del Ejército y partimos en busca del presunto emplazamiento. Nuestras pesquisas se vieron coronadas por el éxito en varios casos, lo que nos confirmó que las abejas danzantes no eran recolectoras, sino aposentadoras. En el lugar indicado encontramos a las abejas marcadas y entonces tuvimos ocasión de comprobar que ni las flores ni otras posibles fuentes de alimento despertaban su interés. En lugar de esto, inspeccionaban las oquedades del suelo o de viejos troncos o entraban y salían constantemente por el hueco de una pared, con lo que, además de comprobar la idoneidad del posible emplazamiento, tomaban buena nota de los alrededores. Más tarde observamos que otras abejas, a las que presumiblemente habían alertado las primeras exploradoras, se unían a ellas y nuevamente inspeccionaban la zona.»

En el transcurso de sus observaciones Lindauer hizo otro descubrimiento sorprendente. Con su danza, las abejas exploradoras no señalaban un solo emplazamiento posible, sino varios, que a menudo se encontraban además en direcciones y a distancias distintas. Veamos ahora un ejemplo extraído de las notas de Lindauer del 26 de junio de 1952:

«A las 13:35 se ejecutó la primera danza sobre el enjambre con la que se indicó la existencia de un posible emplazamiento situado a 350 metros en dirección sur. Minutos más tarde fue seguida por otra que señalaba un lugar alejado 1.400 metros en dirección este. En las dos horas siguientes se sugirieron otras cinco posibilidades hacia el nordeste, noroeste, oeste, etc. El octavo y último posible emplazamiento propuesto esta misma tarde se encontraba a 1.100 metros hacia el sudoeste. A pesar de la abundante oferta, el enjambre no se decidió por ninguno, sino que prefirió pasar la noche en la rama del árbol.

»Al día siguiente fueron sugeridas otras catorce opciones, que, sumadas a las del día anterior, hacían un total de 22. ¡Quien mucho escoge, poco acierta! ¿Cómo deciden las abejas cuál es el emplazamiento idóneo? Del tiempo que tardaron en tomar una decisión cabe deducir que tampoco ellas tenían las ideas demasiado claras.

»A menudo, el enjambre permanece durante varios días y hasta una o dos semanas en el "campamento provisional" antes de instalarse en la nueva colmena, y si no han adoptado todavía la decisión definitiva, aunque llueva torrencialmente, no se mueven de él. Para protegerse de la lluvia, las obreras que ocupan las posiciones exteriores colocan las alas a modo de tejado para que el agua resbale por ellas.

»¿Cómo se pone de acuerdo el enjambre acerca del nuevo emplazamiento? También en este caso la respuesta nos la proporcionan las observaciones minuciosas. Tal como hemos descrito más arriba, en los días que siguen a la formación del enjambre, las abejas exploradoras buscan posibles emplazamientos y notifican a sus compañeras los resultados de sus pesquisas mediante una danza característica. A medida que pasa el tiempo, las posibilidades se van reduciendo hasta que al final todas las abejas señalan hacia la misma dirección y la misma distancia, lo que significa que se ha llegado a un acuerdo, y poco después, el enjambre en pleno vuela en la dirección indicada.»

He aquí otro extracto de los apuntes de Martin Lindauer:

«Durante los tres primeros días no se llegó a ningún acuerdo. En el mejor de los casos parecía que las preferencias se inclinaban hacia un lugar situado a 3 kilómetros hacia el norte. Al cuarto día creció considerablemente el interés por otro alejado 350 metros en dirección sudeste; aunque continuaron presentándose otras opciones, su número fue disminuyendo progresivamente hasta que, por último, todas las exploradoras coincidieron en señalar hacia el emplazamiento del sudeste. Al quinto día, cuando, después de hacer callar a los disidentes se había llegado, al parecer, a un acuerdo unánime, el enjambre se disgregó con un tremendo alboroto y al cabo de varios minutos se reunió de nuevo en el campamento para, a continuación, volar como una nube gigantesca hacia el sudeste. Seguimos al enjambre y vimos cómo se posaba en unas ruinas situadas a 350 metros. Uno de los muros presentaba un hueco muy a propósito para instalar la colmena. En los días precedentes habíamos visto a las abejas marcadas entrar y salir de él en repetidas ocasiones. Uno de mis ayudantes se había adelantado y nos esperaba junto al muro desde hacía una hora.»

En los años siguientes, Martin Lindauer vio salir y entrar a las abejas por aquel hueco, comprobando así que habían estado totalmente acertadas en su decisión, pues el refugio elegido debía de reunir las condiciones necesarias para asegurar su supervivencia durante el largo y frío invierno.

¿Qué sucede cuando no se llega a un acuerdo? Esta situación, bastante insólita por otra parte, se ha observado también en la práctica. En cierta ocasión, las abejas no conseguían decidirse entre dos emplazamientos. Unas exploradoras se inclinaban por un lugar situado al noroeste y otras, por otro situado al nordeste. Ambos grupos tenían prácticamente el mismo número de partidarios y ninguno estaba dispuesto a ceder. Por último, el enjambre alzó el vuelo y durante unos instantes pareció como si se dividiera en el aire. Cada grupo intentaba hacerse con el mando, produciéndose un auténtico "tira y afloja". Una veces, el enjambre volaba 100 metros hacia el noroeste y otras, 150 metros hacia el nordeste. Al cabo de una media hora, se reunió de nuevo en el punto de partida y ambos grupos iniciaron otra vez sus danzas. Al día siguiente cedieron por fin los partidarios del nordeste, eligiéndose por tanto el emplazamiento del noroeste. Una vez logrado el acuerdo, todo el enjambre voló hacia la nueva residencia.

En otro caso, la decisión se dilató catorce días y al iniciarse un período de lluvias, las exploradoras interrumpieron su actividad. Cuando el tiempo mejoró, la tarea más urgente era recolectar néctar y polen para poder alimentarse, pues el enjambre había agotado sus reservas. A las abejas no les cupo, por tanto, más solución que instalarse provisionalmente en la rama de un árbol, donde construyeron un panal para almacenar la miel y acomodar a las larvas. El buen tiempo sólo duró los meses de verano y las primeras heladas acabaron con tan rudimentario refugio.

El hecho de que, en algunas ocasiones, las abejas no lleguen a ponerse de acuerdo acerca del emplazamiento de una colmena nos impulsa a preguntarnos de nuevo cómo toman las decisiones.

ACUERDO POR MAYORÍA

En otro experimento se aisló a la reina en una jaula para que no pudiera reunirse con las exploradoras, pero a pesar de ello, la colonia supo ponerse de acuerdo acerca del emplazamiento de una nueva colmena. Cuando durante el vuelo se percataron de que faltaba la reina, dieron la vuelta y, guiándose probablemente por el olfato, regresaron al punto de partida, donde se reunieron alrededor de la jaula que ocupaba aquélla. Una vez puesta en libertad, el enjambre voló directamente al lugar previamente elegido.

Este experimento demuestra que la reina no influye para nada en la elección, que, según todos los indicios, recae sobre las obreras. Ahora bien, en una colmena puede haber de 10.000 a 50.000 obreras. ¿Quiénes son las que deciden?

Para responder a esta pregunta, Martin Lindauer se trasladó con un enjambre a una isla desierta del mar del Norte donde no había ningún emplazamiento natural idóneo para instalar una colmena. Como posibles opciones se colocaron dos cajas vacías en distintos lugares: una semiescondida debajo de un matorral artificial y cubierta con ramas y hojas y la otra, en campo abierto, sin ninguna protección.

El enjambre se situó a igual distancia de ambos emplazamientos; las exploradoras los descubrieron en seguida y se apresuraron a notificarlo a sus compañeras. Lo sorprendente de este caso es que las abejas que habían descubierto la caja sin protección parecían reacias a "bailar" y ejecutaban los movimientos con evidente desgana, mientras que las otras, que regresaban de la colmena disimulada, movían el abdomen con energía como si estuvieran deseosas de comunicar su nuevo descubrimiento. Un grupo de abejas bastante numeroso se separó entonces del enjambre y fue en su mayor parte a inspeccionar el segundo lugar; tan sólo algunas se dirigieron al emplazamiento menos idóneo. Incluso las abejas exploradoras que habían descubierto la colmena desprotegida acudieron también a inspeccionar la otra y desde ese momento ratificaron con sus danzas la elección de sus compañeras, es decir, cambiaron de opinión. Así pues, la balanza parecía inclinarse de forma muy clara hacia la colmena protegida.

Con objeto de poner a las abejas a prueba, se invirtieron los términos, es decir, la colmena protegida se dejó al descubierto y la que estaba a campo abierto se disimuló con arbustos.

La primera colmena quedó entonces expuesta a un fuerte viento del oeste y las abejas que habían acudido a inspeccionarla cesaron de recomendarla al cabo de muy poco tiempo. Sin embargo, las pocas exploradoras que habían visitado el otro emplazamiento, que ahora estaba debidamente protegido, regresaron eufóricas y al instante comenzaron a mover enérgicamente el abdomen, es decir, las danzas de las abejas reflejaban perfectamente la nueva situación producida.

La decisión acerca del emplazamiento de la nueva colmena se toma, por tanto, de manera "democrática": cuanto más adecuado es un lugar, con más energía y durante más tiempo bailan las exploradoras. Las restantes abejas vuelan entonces a inspeccionarlo y, por último, convencen a las partidarias de otras opciones para que también ellas vayan a conocerlo a fin de compararlo con el suyo y así poder tomar la decisión correcta. El acuerdo se alcanza por tanto de forma progresiva y cuando por fin se llega a la unanimidad, el enjambre se traslada a la nueva residencia.

En el transcurso de estas observaciones se descubrieron otros detalles no menos interesantes. Por ejemplo, cuando una exploradora descubre un posible emplazamiento, no se da por satisfecha con una única inspección, sino que regresa a él a diferentes horas del día, así como cuando cambian las condiciones atmosféricas. De este modo se evita que la elección recaiga sobre un lugar favorable en un momento determinado, por ejemplo, cuando no sopla viento, pero desfavorable cuando cambian las circunstancias. Por la misma razón, un emplazamiento puede parecer estupendo en tiempo seco y convertirse en un lodazal con la primera lluvia. Para evitar estos errores, de trágicas consecuencias, las abejas exploradoras inspeccionan repetidamente el lugar elegido.

BALANCE INTERMEDIO

Recopilemos brevemente lo que hemos averiguado hasta ahora acerca del "lenguaje" de las abejas o, si se prefiere, de los recursos que utilizan para comunicarse entre sí.

El gran investigador Karl von Frisch descubrió que estos insectos ejecutan danzas muy características para comunicar la posición de una fuente de alimento. Con la danza circular informan que el alimento se encuentra cerca de la colmena y con la abdominal transmiten informaciones adicionales sobre la dirección y la distancia a las que se halla dicho alimento. Harald Esch comprobó que los sonidos que generan al bailar refuerzan la información relativa a la distancia.

En el interior de la colmena, las abejas mantienen una temperatura constante. En invierno, la regulación térmica se efectúa mediante movimientos musculares y en verano, favoreciendo la evaporación de agua o de néctar muy diluido. Entre las abejas "aguadoras" y las que distribuyen el agua por la colmena existe una estrecha colaboración que se rige por el principio de la oferta y la demanda y, según predomine una u otra, las recolectoras liban néctar o agua.

Martin Lindauer ha estudiado exhaustivamente la vida de las abejas y ha llegado a la conclusión de que la división del trabajo no es tan rígida como se suponía, sino que una misma abeja puede desempeñar sucesivamente las actividades más diversas. No existe ningún tipo de comunicación acerca de las tareas a realizar en cada momento, sino que esto lo averiguan las propias abejas durante sus recorridos de inspección por la colmena.

Cuando la reina envejece, abandona la colmena acompañada por varios miles de obreras y forman un enjambre, que al cabo de un tiempo se posa en la rama de un árbol. Mientras el grueso de la colonia se agrupa alrededor de la reina, algunas exploradoras parten en busca de un emplazamiento idóneo para la nueva colmena. Cuando descubren algún lugar adecuado, regresan junto al enjambre e informan detalladamente a sus compañeras de la dirección y la distancia mediante una danza abdominal característica. Contagiadas por la euforia de la exploradora, otras abejas vuelan hasta el lugar "recomendado" para comprobar su idoneidad y comunican su opinión al resto del enjambre. Mediante un "democrático" proceso de rectificación y eliminación se llega a un acuerdo acerca del emplazamiento más adecuado. Tanto la búsqueda como la elección final recaen sobre las exploradoras; la reina se mantiene al margen.

Hasta ahora nos hemos referido sólo marginalmente a un aspecto no menos sorprendente que todos los hallazgos anteriores: el tamaño de las colonias o comunidades de abejas. Una colonia típica suele estar formada por unos 50.000 individuos. En realidad, los nombres de "colonia", "comunidad" o "estado" no son correctos, ya que todas las abejas que viven en una colmena son los descendientes de una misma reina, lo que en cierto modo las convierte en hermanas. La madre es la reina y el padre, el zángano que la fecundó durante el vuelo nupcial. Dado que la reina suele aparearse con varios zánganos a lo largo de su vida, lo correcto sería decir que los integrantes de una colonia son hermanos a medias (la misma madre, pero diferente padre). La denominada "colonia" es, por tanto, una "familia matriarcal".

¿Qué mantiene unidos a todos los miembros de una familia tan gigantesca? En un primer momento podría pensarse que la sociedad de las abejas está tan jerarquizada que un individuo no puede sobrevivir mucho tiempo por sí solo. Esta respuesta, sin embargo, no es plenamente satisfactoria, ya que otros animales sociales y viejos conocidos nuestros, como las cochinillas del desierto y los barrenillos, viven también en comunidad, pero solamente en determinadas épocas de su vida.

En el caso de las cochinillas, era el olor característico de la familia lo que mantenía unidos a sus miembros y en el de los barrenillos también ciertas sustancias olorosas posibilitaban el encuentro de los individuos.

¿Sucederá lo mismo con las abejas? ¿Secretarán alguna sustancia que garantice la cohesión de la colonia? A continuación intentaremos resolver este enigma. Ya sabemos que las sustancias olorosas como medio de comunicación sólo pueden fomentar la unión de una comunidad si los animales poseen determinadas pautas innatas de comportamiento.

OBRERAS CON PERFUMADOR INCORPORADO

En un soleado día de primavera, las primeras abejas se atreven a abandonar la colmena. Titubeando se alejan unos cuantos metros y, de repente, se vuelven en dirección a la colmena y se mantienen en vuelo estático en el aire. Evidentemente, están intentando grabarse de nuevo en la memoria la ubicación del nido, pues tras el letargo invernal es lógico que sus recuerdos estén algo borrosos.

En la plataforma de vuelo hay un grupo numeroso de abejas que se comportan de un modo un tanto extraño. Todas miran en dirección a la piquera con el abdomen levantado, al tiempo que baten enérgicamente las alas. «Están perfumando el ambiente», dice el apicultor. Al observarlas con detenimiento vemos que por la parte superior del abdomen, antes del extremo, asoma un pliegue abombado de aspecto húmedo y brillante. Asimismo se percibe un olor parecido al de la melisa, que las abejas huelen a muchos metros de distancia, y por el cual son atraídas. Todas las abejas producen la misma sustancia*. ¿Qué significado puede tener este hecho? Básicamente, el de señalar la posición de la colmena. Gracias a este olor, los individuos que han salido de exploración por primera vez pueden encontrar fácilmente el camino de regreso.

Cuando las exploradoras descubren una fuente de néctar importante, se sirven de este órgano para llamar la atención de sus compañeras. En caso de que las obreras adviertan la desaparición de la reina, la primera reacción consiste en proyectar hacia fuera el órgano olorífero, probablemente para que la reina se guíe por el olor en su camino de vuelta. Cuando se sienten amenazadas, adoptan la postura descrita más arriba, pero en este caso emiten una sustancia diferente que actúa a modo de alarma** y sume a las restantes abejas en un estado de gran excitación y desasosiego, que se manifiesta en su predisposición a usar el aguijón. También en este caso la distribuyen batiendo fuertemente las alas.

UN REGALO REAL: PERFUME PARA EL PUEBLO

Observar a una reina en el interior de la colmena rodeada por sus "súbditas" es un espectáculo único. Las

* La sustancia olorosa contiene, entre otros componentes, geraniol y citrato.
** La sustancia que actúa a modo de alarma es isoamilacetato.

obreras forman un círculo alrededor de ella que se abre tan pronto como ésta hace ademán de encaminarse en otra dirección. Las que se hallan más próximas le suministran el alimento y la limpian con la lengua, tarea esta última en la que se van alternando sucesivamente. La reina tiene, al parecer, un gran atractivo entre sus súbditas, quienes se deleitan lamiéndole la zona de la cabeza. ¿Qué subyace detrás de este comportamiento?

Los investigadores han descubierto que la reina secreta también sustancias parecidas a las feromonas, tarea que recae sobre las enormes glándulas mandibulares que tiene en la cabeza*. Estas sustancias son las que atraen a las obreras, pero probablemente surten también otros efectos. El método más sencillo para comprobarlo consiste en apartar a la reina de la colmena y observar lo que sucede cuando a una colonia se le priva de la "sustancia real". Veamos, pues, qué ocurre en una colmena sin reina.

Tras algunos días de "desconcierto", las obreras comienzan a construir celdas reales, que se diferencian de las normales por su mayor tamaño y por estar situadas invariablemente en el borde del panal, y depositan en ellas un huevo o una larva joven que previamente han sacado de otra celdilla. Estas larvas son alimentadas con un jugo especial sumamente nutritivo, la "jalea real", y así se convierten en larvas de reina. Con su conducta, las obreras persiguen un fin muy concreto: fomentar el nacimiento de una nueva reina que pueda asumir el papel de la que ha desaparecido. Las obreras son hembras estériles y tienen normalmente los ovarios y demás órganos genitales atrofiados, pero cuando se produce una situación de emergencia como la descrita más arriba, sus ovarios empiezan a desarrollarse y muchas de ellas llegan a poner huevos. Naturalmente, estos huevos no están fecundados, por lo

---

* La feromona secretada por las glándulas mandibulares de la reina es una mezcla de sustancias conocidas genéricamente como "secreción real". Aunque hasta ahora se han identificado 14 sustancias químicas, tan sólo se conoce el efecto biológico de dos de ellas.

que de ellos nacen exclusivamente zánganos*, cuya única misión es aparearse con la reina. El sentido biológico de todo este proceso es proporcionar a las larvas de reina en desarrollo un número suficiente de zánganos que las puedan fecundar. Si no fuera fecundada, la reina carecería de valor para la colmena.

Tan pronto como la colonia dispone de una reina joven y fecundada, cesan todos los procesos descritos, esto es, se interrumpe la cría de larvas de reina y los ovarios de las obreras se atrofian de nuevo volviendo éstas a su condición de estériles.

Este efecto tan sorprendente lo produce la feromona secretada por la reina, que inhibe tanto la cría de larvas de reina como el desarrollo de los ovarios de las obreras. Hasta ahora se han identificado dos sustancias químicas de las muchas que componen la secreción real.

La feromona real inhibidora** es la responsable de los efectos descritos anteriormente, pero además actúa como afrodisíaco para los zánganos durante el vuelo nupcial, pero sólo ejerce su efecto cuando los machos vuelan libremente a algunos metros del suelo. Por último, también sirve para guiar hasta el enjambre a las abejas que se han alejado demasiado.

Por lo que respecta a la segunda sustancia identificada*** tan sólo se conoce un efecto: garantizar la cohesión del enjambre cuando no se encuentra en el aire, sino posado en algún lugar.

¿Cómo se esparce la secreción real por la colmena? Las sustancias que la componen son en parte volátiles, pudiendo llegar a cualquier rincón de aquélla en forma de olor. Por otra parte, las obreras que lamen a la reina la re-

---

* De los huevos fecundados nacen hembras y de los no fecundados, machos, esto es, zánganos. Esta singular determinación del sexo se da también en otros insectos. Según el tipo de alimentación que reciban, de las larvas de abeja nacerán reinas u obreras.

** Exactamente se trata de 9-hidroxi-trans-2-ácido decénico.

*** Exactamente se trata de 9-oxo-trans-2-ácido decénico.

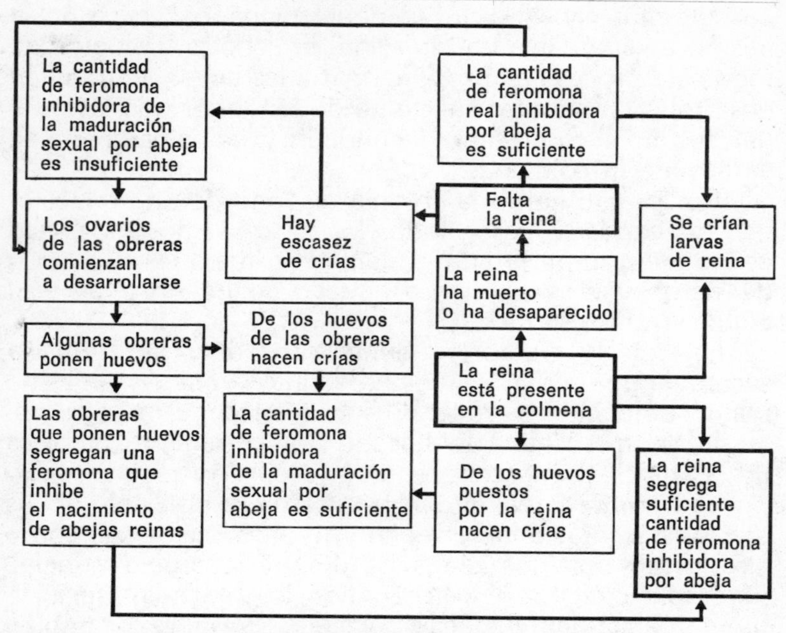

Fig. 5-6. En el esquema puede verse lo que sucede en una colmena cuando no hay suficiente secreción real.

ciben directamente y luego la distribuyen entre sus compañeras al compartir el alimento. De este modo se garantiza que cada abeja reciba su dosis mínima de feromona real inhibidora que, como ya hemos dicho, impide el desarrollo ovárico y, con ello, la cría de larvas de reina.

Presumiblemente, las larvas y las pupas exhalan también sustancias olorosas que refuerzan el efecto inhibidor de la feromona real, con lo que se asegura que las obreras mantengan su esterilidad. La figura 5-6 resume de forma simplificada todos estos procesos, si bien en la realidad las cosas son algo más complejas. Lo dicho hasta ahora encierra, sin embargo, una contradicción, al menos aparentemente. Antes de que un grupo de abejas enjambre, se crían larvas de reina, lo que, en teoría, debería impedir la reina actual de la colmena. Una posible explicación podría ser ésta: cuando las condiciones son favorables, la población de una colmena aumenta de tal forma que la reina no puede suministrar a todas las obreras la dosis mínima de feromona real que necesitan, produciéndose entonces una situación similar a lo que ocurre cuando falta la reina. Cuando la antigua reina abandona la colmena acompañada por un grupo numeroso de obreras, la población de la colonia desciende sensiblemente, pero si, a pesar de ello, sigue siendo excesiva, se producen nuevos enjambres hasta que el equilibrio queda restablecido.

El número de individuos que componen una colmena depende, por tanto, de la capacidad de la reina para proporcionar a todas las obreras su ración correspondiente de feromona inhibidora. Si esta feromona pudiera fabricarse en el laboratorio y suministrarse posteriormente a las abejas, se conseguirían colonias mucho mayores al evitarse los enjambres, lo que, sin duda, reportaría importantes ventajas a los apicultores. Esta prueba no se ha llevado a cabo todavía, al menos que nosotros sepamos.

Todas las sustancias citadas, junto con los restantes olores que existen en la colonia, componen el olor característico de la colmena y como su composición varía ligeramente de una a otra, constituye una señal inconfundible que impide que las abejas se confundan de colmena. Quien haya tenido oportunidad de oler el aroma que emana de una colmena recién abierta, comprenderá por qué las abejas se sienten tan fuertemente atraídas por el olor característico de su “hogar”.

Nuestros conocimientos acerca del significado que los olores tienen para las abejas pueden resumirse del modo siguiente: en el extremo del abdomen de las abejas obreras existe una glándula olorífera que secreta una sustancia volátil con un gran poder de atracción. Asimismo, cuando se sienten amenazadas expelen otra sustancia que pone sobre aviso a sus compañeras, quienes se aprestan a defenderse con el aguijón.

Las glándulas mandibulares de la reina secretan diversos productos que se conocen globalmente como "secreción real". Tanto al lamer el cuerpo de la reina como a través de la cadena alimentaria, esta sustancia se reparte uniformemente entre todas las obreras. La feromona que contiene inhibe el desarrollo de los ovarios de éstas, así como la cría de larvas de reina.

Las sustancias olorosas desempeñan, por tanto, un papel fundamental en la vida de las abejas. Por una parte garantizan la cohesión de la colonia y por otro, representan un importante medio de comunicación entre la reina y las obreras. Junto a las abejas hay otros insectos para los que las sustancias olorosas constituyen un medio de comunicación más importante todavía; por ello vamos a interrumpir brevemente el estudio del "lenguaje" de las abejas para centrar nuestra atención en las hormigas.

UN BUEN OLFATO ASEGURA LA SUPERVIVENCIA

La noche está a punto de caer después de un espléndido día de primavera en el que se han alcanzado 26 °C. El aire, las zonas altas, el pelo y la ropa aparecen de repente cubiertos de insectos diminutos. ¿De dónde han salido tantas hormigas aladas?

Durante los largos meses de invierno, en el hormiguero descansan, junto a las obreras, machos y hembras alados que a medida que avanza la primavera van aproximándose a la entrada para gozar del calor del Sol. En un momento dado, los machos emprenden el vuelo y poco después son seguidos por las hembras, reuniéndose ambos en algún lugar elevado. ¿Quién controla este enjambre y por qué son siempre los machos los primeros en partir?

El primer factor desencadenante es la temperatura exterior; tan pronto como los termómetros registran 25 ó 26 °C, los machos despiertan del letargo invernal y se preparan para enjambrar. Casi inmediatamente después de emprender el vuelo proyectan al aire el contenido de sus glándulas maxilares. Esta secreción contiene una sustancia olorosa que induce a las hembras a seguirles.

Cuando esto sucede, el aire, especialmente el que se halla sobre el hormiguero, se impregna de un olor a resina característico, perceptible incluso para el olfato humano*.

Estamos seguros de que la mayoría de los lectores, si no todos, habrán contemplado alguna vez el espectáculo siguiente: cuando un nido es destruido o dañado parcialmente, miles de hormigas acuden al instante de todas las direcciones y, por lo general, se dirigen directamente al lugar de la catástrofe. ¿Quién ha dado la voz de alarma? Nuevamente aparecen en escena las sustancias olorosas. Cuando se sienten amenazadas o sufren algún daño, las hormigas corren al hormiguero y proyectan al aire diversas sustancias olorosas secretadas por determinadas glándulas de la cabeza y el abdomen con las que ponen sobre aviso a sus compañeras, quienes, a su vez, transmiten la alarma mediante las secreciones correspondientes. De este modo es posible reunir a todo un ejército en un plazo de tiempo muy breve.

¿Cómo saben las hormigas hacia dónde deben dirigirse? El radio de acción de tales sustancias es tan sólo de 3 a 5 centímetros y el rastro se esfuma a los 30 segundos, lo que se traduce en una mayor producción y concentración allí donde el peligro es más acuciante. Para llegar hasta el lugar del siniestro, las hormigas alertadas de este modo sólo tienen que rastrear la concentración de la sus-

* En otras especies de hormigas, el nacimiento de machos o de hembras alados está regulado por un mecanismo que depende de la temperatura. Cuando los machos alados enjambran, el aire se impregna de la feromona secretada por sus glándulas maxilares que, entre otras funciones, tiene la de estimular a las hembras a salir de sus nidos.

tancia olorosa. Si la alarma resulta ser falsa, la actividad de las hormigas apenas se ve perturbada, ya que la sustancia se evapora en seguida y, en consecuencia, el lugar en cuestión pierde su poder de atracción.

Las exploradoras se sirven también de rastros olorosos para guiar a sus compañeras hasta las fuentes de alimento. Las feromonas desempeñan igualmente un papel muy importante en el cuidado de las crías. Cuando sienten hambre, las larvas secretan una sustancia que induce a las hormigas nodrizas a alimentarlas y asearlas. Algunos escarabajos que viven como huéspedes de las hormigas se aprovechan de la buena disposición de las nodrizas y secretan una sustancia similar a la de las larvas que no sólo impide que sean atacados, sino que además les garantiza el suministro de alimento.

A menudo, las hormigas cuidan y protegen a los pulgones como si se tratara de animales domésticos. ¿Qué les impulsa a ello?

Los pulgones se nutren de la savia vegetal y, junto con las deposiciones, expulsan el exceso de azúcar. Estas secreciones azucaradas son lo que realmente interesa a las hormigas, para las que constituye un manjar exquisito.

Muchos científicos se han preguntado por qué las hormigas viven en simbiosis* con los pulgones, cuando lo lógico sería considerarlos enemigos y devorarlos para beneficiarse del azúcar que contienen.

Wolfram Eckloff encerró diez especies diferentes de pulgones con hormigas y observó sus reacciones. Como primera medida, las hormigas amenazaron a los pulgones desde una distancia de 2 a 5 centímetros, abriendo las mandíbulas, y a continuación se acercaron a ellos para palparlos con las antenas, lo que originó diversos comportamientos:

* Simbiosis: asociación temporal o permanente de dos organismos de distinta especie para su mutuo provecho.

— Los pulgones que habitualmente cuidan y protegen fueron acogidos y al instante cesó la agresividad. Las hormigas cerraron las mandíbulas y comenzaron a palpar a los pulgones con las antenas.

— Frente a las especies que habitualmente no protegen continuaron mostrándose agresivas, llegando incluso a apresarlas con las mandíbulas.

— Las especies que nunca viven en asociación con las hormigas fueron objeto de feroces ataques por parte de las hormigas o bien éstas se apartaban de ellas asustadas, como si les repugnara su olor o su sabor.

De estos experimentos se concluyó que los pulgones que viven en simbiosis con las hormigas deben secretar alguna sustancia olorosa que apacigua a sus anfitriones, mientras que los que no secretan ninguna "feromona apaciguadora" son considerados presas y, como tales, muertos y devorados. De este trágico final se salvan solamente las especies que tienen un sabor o un olor repelente para las hormigas.

Basándonos en lo dicho hasta ahora podríamos pensar que las hormigas se comunican entre sí mediante sustancias olorosas, lo que sólo es correcto hasta cierto punto, ya que, junto a éste, disponen también de otros medios de comunicación.

Hubert Markl* estudió a las hormigas cortadoras de hojas en un centro de investigación de Trinidad, en las Antillas. Desde hace un siglo se sabe que estos insectos poseen un órgano en la articulación del abdomen con el que producen un sonido característico, similar al que se origina al pasar la uña del pulgar sobre las púas de un peine. Como es lógico, el tono del sonido producido por la hormiga cortahojas es mucho más alto, pues su "instru-

* Hubert Markl, nacido en 1938, es profesor de zoología en la Universidad de Constanza.

mento" es más pequeño. De forma similar un violín produce sonidos más agudos que un contrabajo.

Este singular chirrido, apenas perceptible por el oído humano, suelen producirlo las hormigas cuando han sido atrapadas y, sobre todo, cuando han quedado sepultadas por alguna razón. Esta señal de socorro traspasa capas de hasta 5 centímetros de espesor y tan pronto como lo oyen las hormigas que hay por los alrededores, corren a rescatar a sus compañeras. Cómo se las arreglaban para oírlo, continuó siendo un misterio.

Cuando se derivaron las corrientes de acción de un nervio determinado de la pata de una hormiga se comprobó la existencia de células sensoriales que reaccionaban a vibraciones comprendidas entre varios cientos de hertzios y 2.000 hertzios, lo que les permite percibir con toda claridad los chirridos emitidos por las hormigas sepultadas. Hoy por hoy se desconoce si estos insectos se sirven también de este medio de comunicación para otros fines. Después de esta breve excursión al mundo de las hormigas, volvamos a nuestras viejas amigas las abejas.

Tal como hemos ido averiguando en el transcurso de nuestras consideraciones, la capacidad de comunicación de un animal está relacionada directamente con la perfección de sus órganos sensoriales y, por supu sto, con el sistema nervioso. Precisamente por la increíble compenetración que existe entre las abejas y que, entre otras cosas, presupone la utilización de complejos medios de comunicación, debemos estudiar con cierto detenimiento sus órganos sensoriales y su sistema nervioso.

CON ESCUADRA Y PLOMADA

En la colmena, la vida se desarrolla en una total oscuridad. ¿Cómo se las arreglan las abejas para encontrar su camino y desempeñar sus múltiples y variadas actividades?

¿Qué hacemos nosotros cuando no vemos? Palpamos los objetos con las manos o, más exactamente, con las yemas de los dedos. Las abejas se valen para ello de las antenas, donde, además de órganos olfatorios, poseen órganos táctiles móviles muy sensibles, es decir, pueden percibir simultáneamente sensaciones táctiles y olorosas. Ciertamente, a nosotros nos cuesta trabajo comprender cómo pueden ir unidas ambas sensaciones, porque es algo que escapa a nuestra experiencia.

Cuando las danzas se ejecutan en el interior de la colmena, estos sentidos resultan fundamentales, lo mismo que su extraordinaria sensibilidad para percibir las vibraciones a pesar de no disponer de ningún órgano específico para ello. La capa de pelos sensoriales que recubre el cuerpo de las abejas, incluidas la cabeza y las patas, se convierte así en un auténtico órgano sensorial con el que incluso se perciben sonidos.

Cuando una abeja realiza la danza abdominal sobre un panal vertical, levanta el abdomen para indicar la dirección hacia el Sol, pero una vez en el interior ¿cómo distingue entre arriba y abajo? Arriba es exactamente la dirección contraria a la de la fuerza de la gravedad. ¿Tienen las abejas algún sentido que les permita percibir la gravedad?

Los seres humanos, al igual que el resto de los vertebrados, poseemos unos órganos sensoriales especiales* que nos permiten orientarnos en función de la gravedad, pero en las abejas no ha podido comprobarse su existencia. ¿Cómo la perciben entonces? También en este caso, como en el de las vibraciones, la abeja utiliza su cuerpo a modo de plomada para percibir la gravedad. Igual que sucede entre otros muchos insectos, la cabeza y el abdomen

* En el hombre, los órganos del sentido del equilibrio están alojados en el oído interno, concretamente, en el utrículo y en el sáculo. Las células sensoriales están aquí cubiertas por una especie de gelatina sobre la cual hay un polvillo calizo denominado estatoconia. Los cambios de posición modifican la capa de gelatina por influencia de la gravedad, lo que provoca una excitación desigual de las células sensoriales.

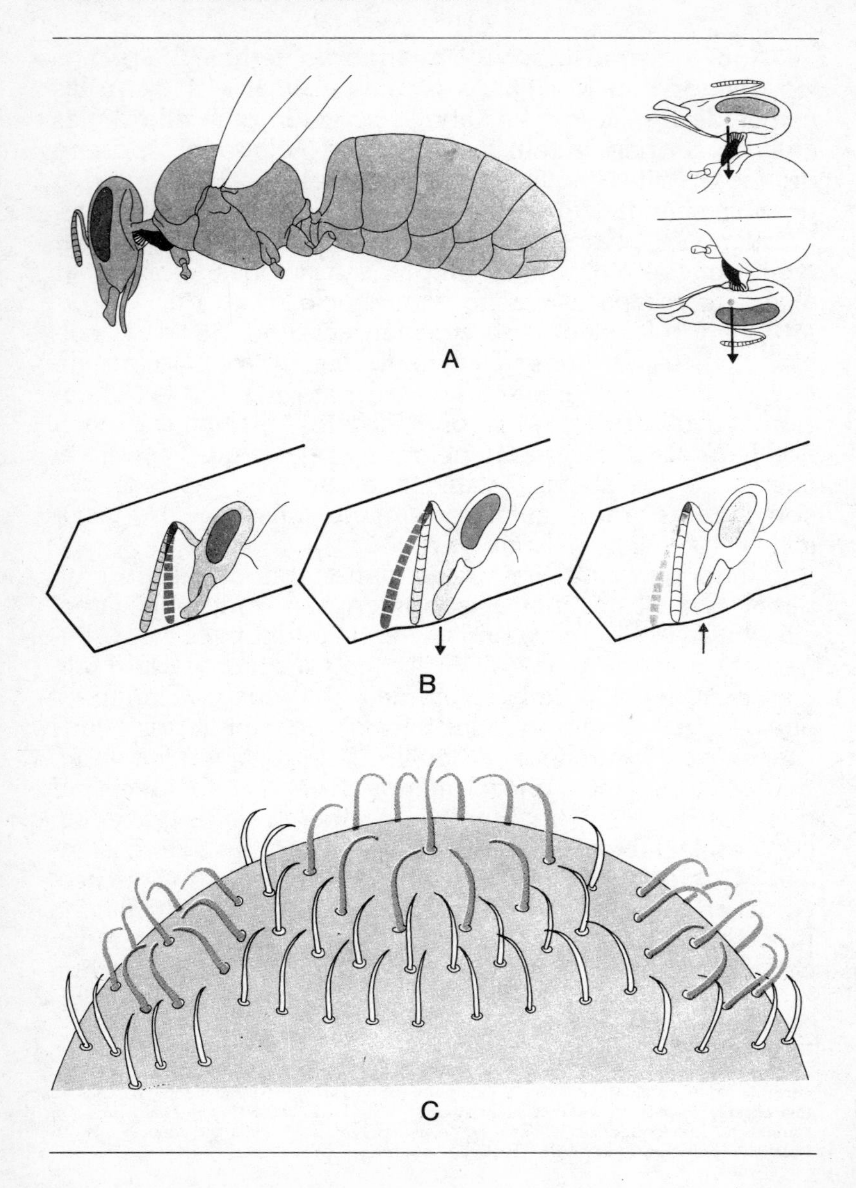
A
B
C

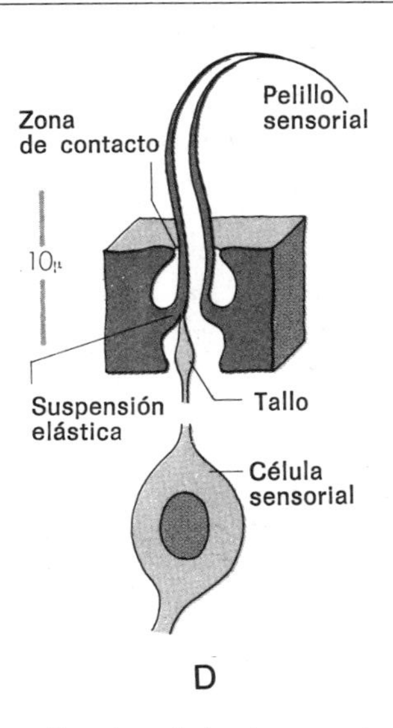

D

Fig. 5-7. *A)* ¿Cómo perciben las abejas la gravedad? La cabeza está asentada sobre una prolongación del tórax. El centro de gravedad de la cabeza (punto de arranque de la flecha) se encuentra situado fuera del comienzo del cuello, por lo que la gravedad hace girar la cabeza del animal según la posición de éste, lo que es registrado por las sedas sensoriales (pelillos sombreados que salen de la prolongación del tórax). Entre el tórax y el abdomen existe un órgano del equilibrio que funciona del mismo modo. *B)* Construcción de un panal. El dibujo muestra la depresión en la pared y el retorno a su posición inicial de ésta. *C)* Las sedas sensoriales de los extremos de las antenas de una abeja obrera están agrupadas de una forma característica. *D)* Las impresiones registradas por las sedas sensoriales, que tienen forma de gancho, son transmitidas a la célula correspondiente a través de un tallo sensorial.

de la abeja están unidos al tórax de forma articulada y la gravedad los atrae ligeramente hacia sí, es decir, hacia abajo. Las sedas sensoriales registran estas levísimas modificaciones en la posición y después de transformarlas en estímulos, las transmiten al cerebro, donde se elabora la información y se calcula la posición del animal respecto a la gravedad.

Además de las danzas, el sentido de la gravedad desempeña un papel relevante en la construcción de panales y celdillas. Los primeros cuelgan siempre en vertical y las segundas merecen el calificativo de auténticas obras de arte. Vistas de cerca, son simples columnas hexagonales; el borde exterior mide exactamente 3 milímetros de largo y la distancia entre las paredes opuestas oscila entre 5,2 y 5,7 milímetros. Las celdas en sí no son totalmente horizontales, sino que están algo inclinadas hacia la pared posterior para evitar que se salga la miel. La inclinación es de 13° en relación con la horizontal.

El grosor de las paredes es también idéntico siempre: 73 milésimas de milímetro, y se han comprobado desviaciones de tan sólo 1,6 milésimas de milímetro, es decir, de un 2 %. Evidentemente, las abejas deben tener algún instrumento de medición que les ayude a realizar trabajos de semejante precisión.

Para levantar una pared, nosotros utilizaríamos diferentes instrumentos de medida, con el objeto de determinar el grosor de la misma. Las abejas, sin embargo, trabajan con la cabeza metida en el interior de la celda y construyen las paredes desde dentro. ¿Cómo se informan de que el grosor es el adecuado?

Martin Lindauer y su discípulo Heinrich Martin hicieron el siguiente descubrimiento: cuando, sirviéndose de sus potentes mandíbulas, la abeja construye la pared, al tiempo que la alisa hasta conferirle el grosor deseado se observa que a menudo la empuja. Al apartar las mandíbulas, la pared, sumamente elástica, vuelve a la posición inicial. La velocidad de recuperación depende del grosor de la pared, pero ¿cómo es posible realizar ningún tipo de medición en tales condiciones?

Observemos detenidamente la construcción de un panal. En primer lugar, la abeja empuja la pared y, a continuación, levanta las mandíbulas a la vez que palpa la pequeña abolladura con el extremo de las antenas para detectar, según parece, la rapidez con que dicha abolladura desaparece, lo que, a su vez, le indica el grosor que la pared tiene en ese momento.

Para saber si los extremos de las antenas desempeñaban alguna tarea sensorial, los investigadores los extirparon a una abeja y a otra se los recubrieron con pintura, haciéndolos así insensibles. Las paredes de las celdas del panal que construyeron mostraron muchas irregularidades: en unas zonas eran muy gruesas y en otras, muy delgadas, presentando incluso grietas y orificios sin taponar.

Los extremos de las antenas de las abejas pueden calificarse por ello de auténticos instrumentos de medición. ¿Qué aspecto tienen? Están cubiertos por un gran número de sedas, de las que hay tres grupos que llaman especialmente la atención. Cada uno de estos grupos está formado por una seda central recta y fuerte alrededor de la cual se disponen todas las demás a modo de corona con las puntas inclinadas hacia ella. Las sedas centrales se clavan ligeramente en la pared para tener un punto de apoyo. Cuando la abeja separa las mandíbulas, las sedas circulares se doblan para registrar la recuperación de la huella, siempre y cuando estos pelos sean sedas sensoriales.

Mediante estudios microscópicos se ha comprobado que la zona de contacto de estas finísimas sedas se comprime ligeramente al doblarse y que en este punto desemboca el tallo de una célula sensorial. Las abejas verifican también con las antenas si la superficie de las paredes de cera de las celdas están perfectamente lisas; si no es así, continúan alisándolas. Los extremos de las antenas podrían actuar también como sensores táctiles sumamente sensibles en otras muchas actividades que se realizan en la oscuridad de la colmena, incluidas las danzas.

CAMPEONAS EN LA ESTIMACIÓN DE ÁNGULOS

Cuando las abejas descubren una fuente de alimento abundante a cierta distancia de la colmena, lo comunican al instante a las recolectoras, indicándoles además la distancia y la dirección exactas con los movimientos del abdomen. Los científicos que saben descifrar estos mensajes, se asombran de la precisión con que las abejas calculan el ángulo respecto al Sol. ¿Es lícito hablar de cálculo? Más bien aparece como si los animales "midieran" el ángulo dada la exactitud con que se lo notifican a sus compañeras. ¿Cómo lo hacen? ¿Disponen de algún "aparato" especial? Según parece, esta tarea compete a los ojos.

Veamos de cerca qué aspecto tiene el ojo de una abeja y en qué se diferencia del de los mamíferos o, incluso, del humano. Realmente nos llevaríamos una gran sorpresa si pudiéramos ver el mundo a través de los ojos de una abeja. En primer lugar los tendríamos en lo alto de la cabeza y no podríamos moverlos ni cerrarlos, pero, en cambio, dispondríamos de un campo visual mayor. Tendríamos una aceptable visión binocular y, aunque no apreciaríamos los objetos con excesiva nitidez, percibiríamos igualmente bien tanto los cercanos como los lejanos. Veríamos las imágenes reticuladas y nos sería imposible leer, ya que tendríamos grandes dificultades para distinguir las letras y otras figuras.

Esta deficiencia sería compensada con otras facultades. Por ejemplo, podríamos percibir la luz ultravioleta, invisible para el ojo humano, si bien no distinguiríamos el color rojo. Con sólo un pequeño espacio de cielo que asomara entre una densa capa de nubes podríamos determinar nuestra posición respecto al Sol. Si fuéramos al cine, creeríamos asistir a una proyección de diapositivas en la que éstas se sucedieran con gran rapidez. Una abeja es capaz de distinguir hasta 300 impresiones visuales en un segundo, mientras que el hombre se mueve en torno a las treinta*. Así pues, si tuviéramos los ojos de las abejas

* Esto depende de la intensidad de la luz. Si ésta es escasa, el hombre sólo distingue, como máximo, unas 20 impresiones visuales.

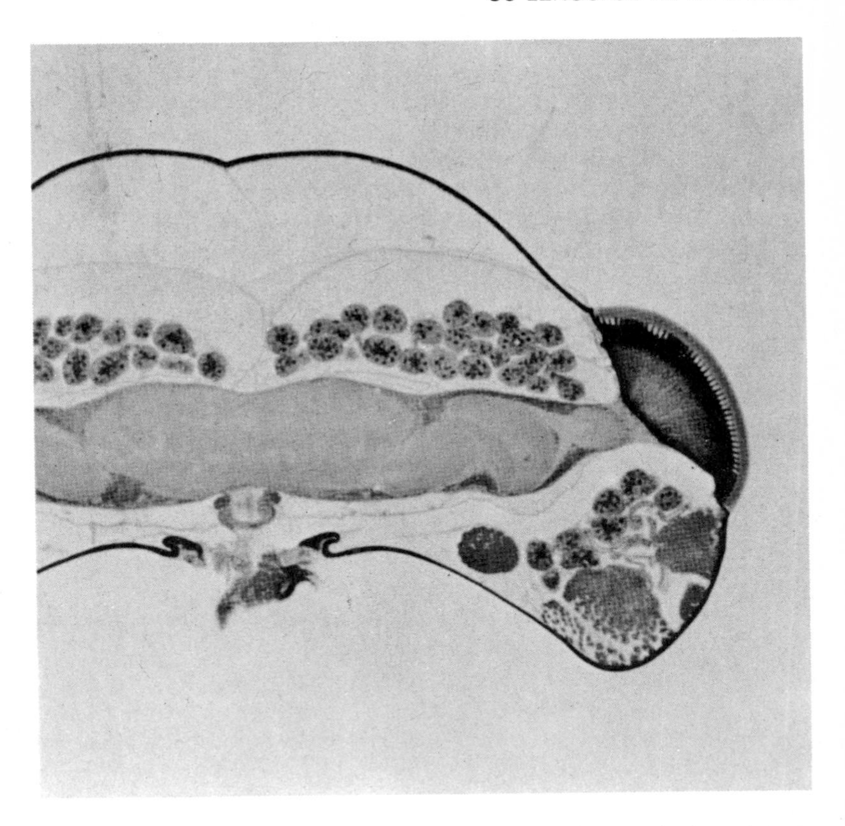

Fig. 5-8. Corte de la cabeza de una abeja visto al microscopio. Los ojos están unidos al cerebro mediante gruesos nervios.

podríamos seguir muy bien tanto los movimientos rápidos como los lentos. Una abeja apreciaría perfectamente el movimiento de la aguja horaria del reloj, que para el ojo humano pasa totalmente inadvertido.

Es muy posible que un estudio detenido del ojo de la abeja nos aclare otras habilidades de este animal. Observándolo al microscopio se aprecia que está compuesto

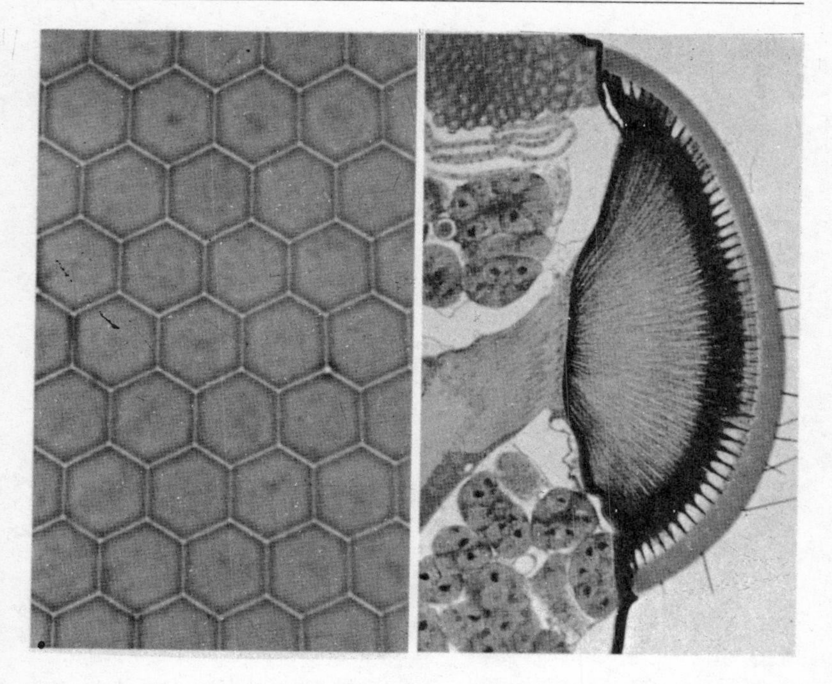

Fig. 5-9. Al observar de cerca el ojo de un insecto se distingue una serie de facetas hexagonales. Cada faceta corresponde a un ommatidio.

Fig. 5-10. Corte aumentado del ojo de una abeja en el que destacan claramente los ommatidios y el nervio óptico, que desemboca en el cerebro.

por una serie de facetas idénticas en forma de cuña que reciben el nombre de "omatidios". Exteriormente está revestido por una córnea hexagonal transparente debajo de la cual se hallan los conos cristalinos, asimismo transparentes, que reciben la luz. Con ellos limita un grupo de células sensoriales dispuestas como los gajos de una mandarina. En la zona donde estas células se tocan interiormente se encuentra la parte sensible a la luz, que recibe el nombre de "rabdoma". Aquí es donde se registra el estímulo sensorial, que el nervio óptico conduce hasta el cerebro. Los ojos de las abejas son, pues, compuestos.

Los omatidios parece ser que no perciben ninguna imagen, sino que tan sólo controlan la luminosidad y el color procedentes de un ángulo determinado, es decir, cada omatidio detecta solamente un punto luminoso. La imagen que ve la abeja se compone de miles de puntos luminosos semejantes. Las obreras, por ejemplo, cuentan con diez mil ojos simples que suministran otros tantos elementos de imagen. Los rayos luminosos procedentes de una dirección determinada excitan solamente unos pocos omatidios.

Ahora comprendemos perfectamente por qué las abejas saben calcular tan bien los ángulos: cada impresión visual de un omatidio determinado se corresponde con un ángulo determinado respecto a la fuente luminosa. Cuando la abeja vuela, le resulta muy sencillo mantener un rumbo determinado respecto al Sol, pues lo único que tiene que hacer es dirigir siempre hacia el mismo un omatidio determinado. Los ojos simples están revestidos por un pigmento oscuro que deja pasar únicamente los rayos perpendiculares.

Más de un lector habrá pasado alguna vez junto a un montón de tubos apilados en una obra. Si intentamos mirar a través de los mismos, nos daremos cuenta de que sólo podemos hacerlo al mismo tiempo a través de uno o unos pocos. A medida que avanzamos, vamos mirando por tubos diferentes cada vez.

En los ojos de los insectos se produce un efecto similar. Si miramos directamente un ojo compuesto, veremos una pequeña zona oscura; son los omatidios dirigidos al ojo del observador. Nuestra mirada penetra hasta el fondo de estos ojos simples, mientras los demás permanecen invisibles. Tan pronto como el observador modifica la dirección de la mirada, la mancha oscura cambia también de lugar. Como es lógico, este fenómeno sólo es observable en los insectos vivos. La conclusión lógica de este descubrimiento sería que cuantas más facetas tenga el ojo compuesto de un insecto y, en consecuencia, disponga de mayor número de elementos de imagen, más clara y nítida será su visión. Sin embargo, al tener más omatidios, la luz deberá distribuirse entre un número mayor de elementos, lo que significa que cada ojo recibirá menos cantidad de luz. La desventaja principal de los ojos compuestos es, por tanto, su escasa potencia luminosa y, por este mismo motivo, ve restringida su utilización a la luz del día. ¿Cómo se las arreglan entonces los animales de ojos compuestos que desarrollan su actividad durante la noche y en la oscuridad*?

Los ojos "nocturnos" poseen también facetas hexagonales, cada una de las cuales corresponde a un omatidio; sin embargo, si comparamos estos ojos con los "diurnos" comprobaremos dos diferencias fundamentales. En primer lugar, los omatidios carecen del revestimiento pigmentario y, en segundo, los rabdómeros forman una retina homogénea sensible a la luz. De este modo, los rayos de luz que inciden sobre los omatidios de una zona más amplia, pueden concentrarse en la retina en forma de punto luminoso. Los conos cristalinos, que actúan como pequeñas lentes dióptricas, utilizan un sistema de refracción muy complejo, como ha podido determinarse mediante cálculos oportunos. La refracción en sí parte del centro del cono y va disminuyendo hacia los bordes, efecto que ha podido comprobarse en los ojos de los insectos nocturnos. De este modo, cada elemento de imagen puede estar formado por un número mayor de rayos luminosos o, dicho con otras palabras, dicho ojo es más luminoso**.

---

* Estos ojos compuestos, que en realidad son auténticos ojos nocturnos, se denominan "ojos de superposición" para diferenciarlos de los estrictamente diurnos u "ojos de aposición".

** La mayoría de insectos y crustáceos tienen ojos compuestos.

Los crustáceos poseen también ojos compuestos y muchos de ellos viven en el fondo del mar o a gran profundidad, donde apenas penetra la luz. ¿Cómo ven entonces estos animales?

Al observar con el microscopio el ojo de un bogavante, por ejemplo, veremos que falta el pigmento oscuro, igual que en los insectos nocturnos, y que los rabdómeros forman asimismo una especie de retina, de lo que cabría deducir que se trata de un ojo muy luminoso.

Así lo creía también el prestigioso investigador Sigmund Exner*, quien hacia 1890 centró sus estudios en los ojos de los animales. Unos 70 años más tarde, el fisiólogo holandés Jan W. Kuiper descubrió que los conos cristalinos del ojo del bogavante no poseen la refracción necesaria para dirigir los rayos de luz hasta la retina, como ocurre en las mariposas nocturnas. Los científicos no lograban explicarse por qué los ojos de las langostas, los bogavantes y los cangrejos están constituidos como los de las mariposas nocturnas, pero sin lentes refractarias. Klaus Vogt resolvió el enigma. En primer lugar, descubrió que las facetas de los ojos de los bogavantes no son hexagonales, como ocurre en los insectos, sino cuadrados y que la zona de donde arrancan está revestida interiormente por una superficie reflectante tan delgada que había pasado inadvertida hasta entonces, incluso en los estudios microscópicos. Estos espejos miden menos de una milésima de milímetro de espesor y son los encargados de conducir la luz a la retina, desempeñando, por tanto, el mismo papel que los conos cristalinos de las mariposas nocturnas. Los científicos comprendieron entonces por qué los crustáceos tenían ojos compuestos con facetas cuadradas.

Los rayos de luz que inciden en estos "tragaluces" sólo pueden reflejarse, como máximo, en dos superficies veci-

---

* Sigmund Exner Ritter von Ewarten (1846-1926), catedrático de la Universidad de Viena, estudió principalmente la fisiología sensorial y nerviosa de los insectos y crustáceos, así como el sentido de la orientación y el vuelo de las aves.

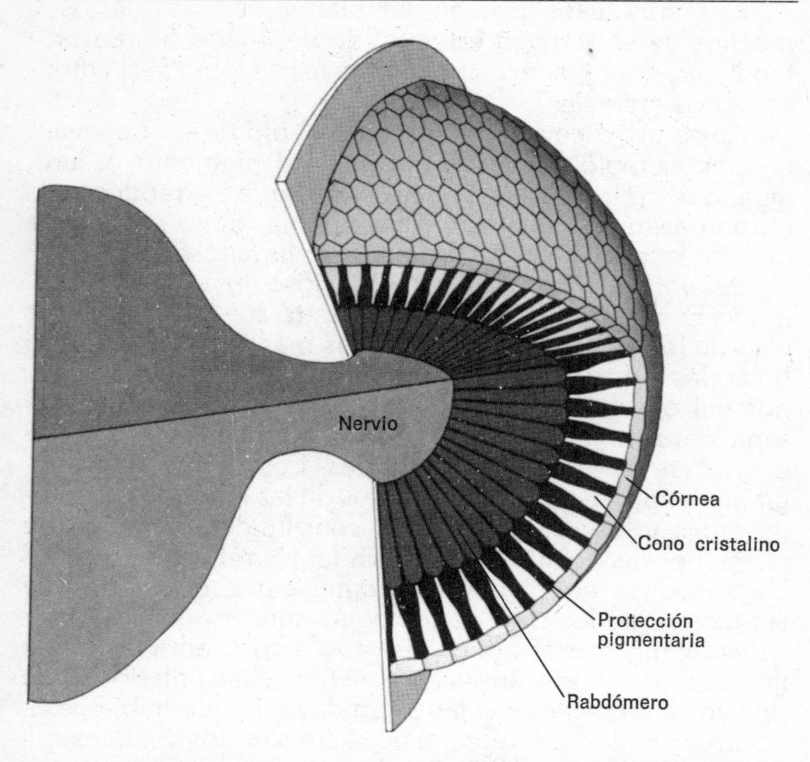

Fig. 5-11. Configuración de un ojo compuesto. En la parte exterior, cada omatidio posee su propio sistema de refracción, que dirige la luz hasta el rabdómero de las células ópticas.

nas, ya que de otro modo no se asegura que sean conducidos correctamente a la retina. Requisito imprescindible para ello es que las superficies reflectantes formen un ángulo recto.

Otro hecho no menos interesante es que otros crustáceos, como los cangrejos planctónicos, no se sirven de la "óptica de espejos" de las langostas, bogavantes y cangre-

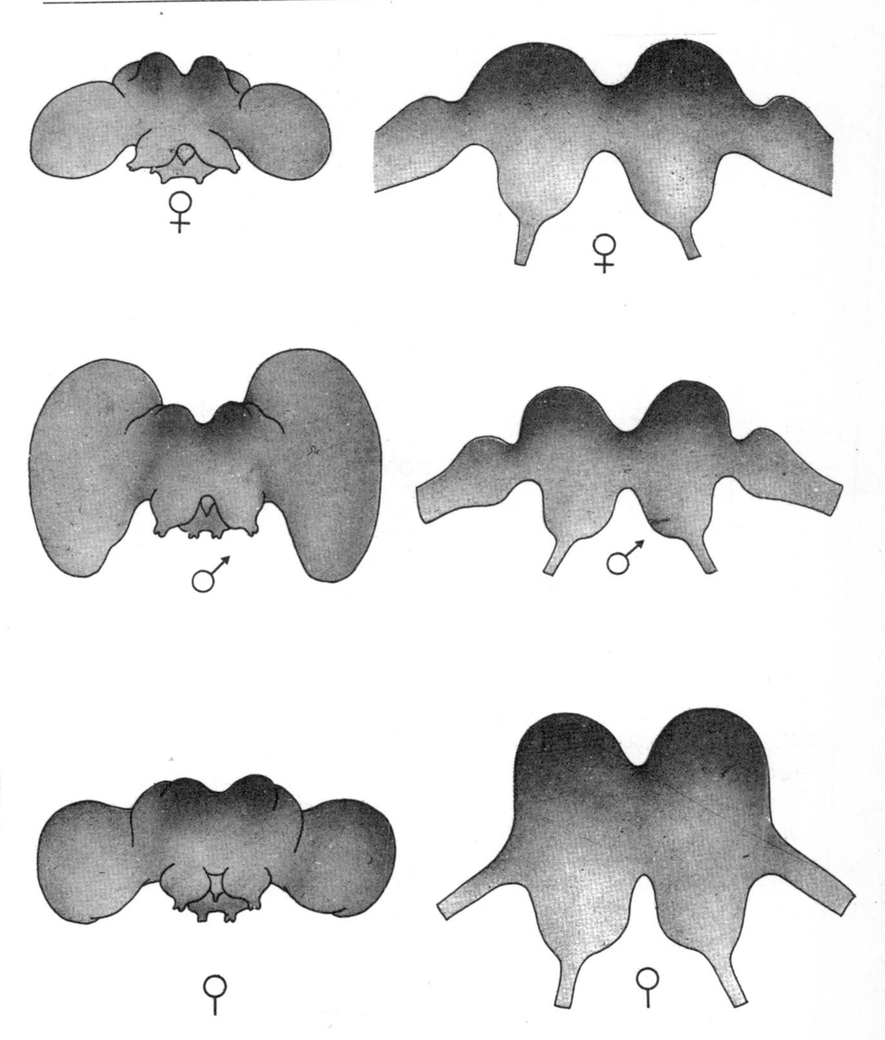

Fig. 5-12. *Izquierda:* Comparación de los cerebros de una abeja reina, un zángano y una obrera. *Derecha:* Comparación de los cerebros de una hormiga reina, un macho y una obrera.

jos mayores, sino que poseen lentes similares a las de las mariposas nocturnas. La óptica de lentes y la óptica de espejos son, por tanto, "descubrimientos" que los animales llevan utilizando con éxito desde hace millones de años.

Existe un animal en el que el aprovechamiento de la mínima cantidad de luz alcanza cotas insospechadas. En 1956 se descubrió la existencia de un cangrejo bentónico* que vive a 1.000 metros de profundidad. Mide tan sólo un centímetro de diámetro y tiene unos enormes ojos, desproporcionados respecto al resto del cuerpo, que en realidad son dos espejos cóncavos que conducen la luz hasta una retina relativamente pequeña. La imagen que se forma en ella probablemente no es muy nítida, pero como compensación, el ojo de este diminuto crustáceo es 17 veces más luminoso que el de un pez, lo que le permite aprovechar cualquier pequeño rayo de luz que penetre hasta la zona donde él vive.

Así pues, ya conocemos tres tipos de ojos compuestos diferentes: el poliédrico de los insectos diurnos, en el que cada omatidio percibe la luz por sí mismo; el superpuesto de los insectos nocturnos, en el que los conos cristalinos de los omatidios absorben la luz y la proyectan sobre la retina común, lo que permite aumentar considerablemente la luminosidad de la imagen; y el de los cangrejos, langostas y bogavantes, cuyas facetas son cuadradas y debajo de las cuales hay pequeños tragaluces revestidos interiormente por superficies reflectantes que conducen la luz hasta la retina común.

EL ENIGMA DE LAS CÉLULAS GRISES

En el apartado anterior hemos intentado representarnos cómo ven las abejas el mundo que les rodea a la vez

---

* *Gigantocypris.*

que hemos sacado algunas conclusiones interesantes acerca de la constitución y el funcionamiento de sus ojos. Estas conclusiones no son enteramente correctas, aunque tampoco puede decirse que estén equivocadas. Al hablar del ojo no hemos tenido en cuenta que este órgano es un mero intermediario; el cerebro es el que, en última instancia, elabora las múltiples informaciones que recibe a través de dicho órgano sensorial hasta transformarlas en una impresión visual. ¿Qué sabemos acerca del cerebro de una abeja?

En el cerebro de una obrera destacan cuatro protuberancias de gran tamaño, de las cuales dos corresponden a los lóbulos ópticos y los otros dos, a los cuerpos fungiformes. Los primeros están conectados a los ojos compuestos, de lo que los científicos dedujeron que debían estar relacionados de algún modo con la elaboración de las informaciones transmitidas por aquéllos. Para verificar esta hipótesis, lo mejor era comparar los ojos y los lóbulos de una abeja reina, una obrera y un zángano.

Los ojos de la reina no son muy grandes y cada uno está formado por unos 4.000 ommatidios. Esta cifra asciende en las obreras a 5.000 y en los zánganos a 8.000. Por esta razón, los ojos de los zánganos ocupan la mayor parte de su cabeza y, en consecuencia, lo lógico es que sean más potentes que los de la reina o las obreras. Este tamaño aparentemente desproporcionado tiene una explicación muy sencilla: durante el vuelo nupcial, los zánganos descubren y siguen a la reina guiándose fundamentalmente mediante los ojos, mientras que la reina sólo los necesita para encontrar el camino de regreso a la colmena, donde pasará el resto de su vida y donde, debido a la oscuridad reinante, los ojos no le servirán prácticamente para nada. El número de ommatidios de las obreras representa un término medio entre los de los zánganos y los de la reina.

Si comparamos los lóbulos ópticos veremos que los más pequeños corresponden a la reina, los mayores a los

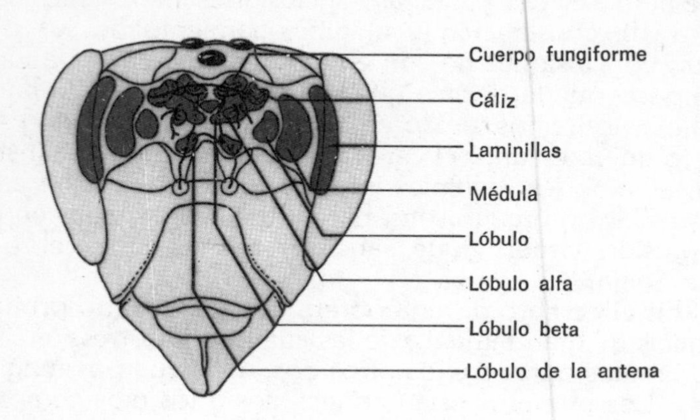

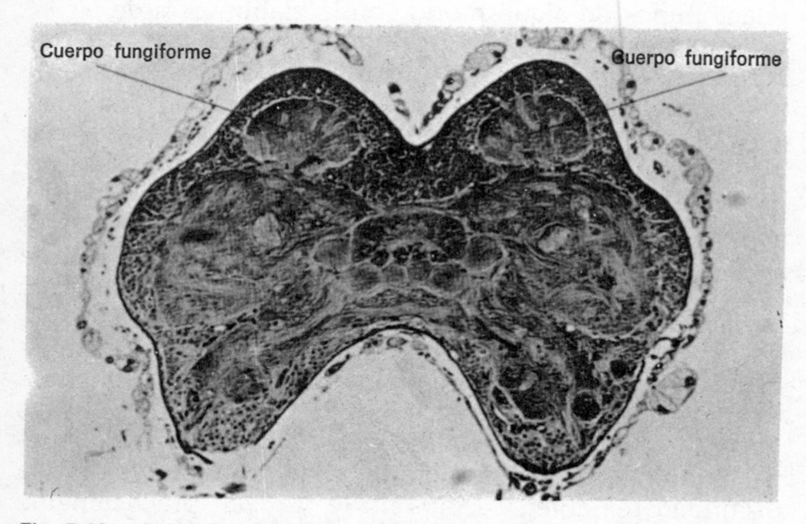

Fig. 5-13. *Arriba:* Cerebro de una abeja visto desde arriba. En él se aprecian los cuerpos fungiformes, los centros ópticos y los centros táctiles. Aunque el cerebro en sí mide aproximadamente un milímetro cúbico, contiene cerca de 850.000 células nerviosas. *Abajo:* Corte microscópico del cerebro de un insecto en el que se distinguen perfectamente los cuerpos fungiformes. Las células y fibras nerviosas aparecen teñidas mediante diversos colorantes.

zánganos y los intermedios, a las obreras. Evidentemente, los potentes ojos de los machos requieren lóbulos grandes, mientras que a la reina le bastan unos mucho más pequeños, adecuados al menor tamaño y capacidad de sus ojos. ¿Qué función desempeñan o qué significado tienen los cuerpos fungiformes? Mediante tinción o medición de potenciales de acción es posible seguir la trayectoria de las fibras nerviosas en el cerebro de una abeja. Si trasladamos dicha trayectoria a un dibujo del cerebro, obtendremos un mapa cerebral. Observaremos entonces que la mayoría de los centros son, por decirlo de algún modo, estaciones de paso, mientras que los cuerpos fungiformes representan estaciones de salida y de llegada. La sustancia cortical que los compone contiene en su mayor parte gran número de pequeñas células cerebrales de color gris, que son las que en realidad realizan todo el trabajo en el cerebro; entre otras funciones, elaboran y traducen los impulsos nerviosos y los retransmiten adonde corresponda. La sustancia gris ha sido y es objeto de numerosos estudios, pero muchas de sus funciones siguen siendo todavía un misterio. Lo que sí se sabe a ciencia cierta es que la actividad del cerebro depende en un grado muy alto de estas diminutas células grises. Los cuerpos fungiformes del cerebro de la abeja contienen un elevado número de células grises, de lo que cabe deducir que sobre ellos recae la mayor parte del trabajo cerebral.

Cuando una abeja relaciona impresiones sensoriales y recuerdos, es decir, cuando asocia y siente, el proceso se desarrolla, lógicamente, en las células grises de la corteza de los cuerpos fungiformes. Esta suposición se ve confirmada por el hecho de que los insectos sociales presentan un cerebro muy voluminoso y unos cuerpos fungiformes muy desarrollados.

Entre las abejas, son las obreras las que poseen cuerpos fungiformes más desarrollados, seguidas por la reina y los zánganos. La conclusión es también obvia en este caso; las obreras realizan la mayor parte de los trabajos sociales y, por tanto, necesitan más "inteligencia". La misión de la reina consiste fundamentalmente en poner huevos y la de los zánganos, en la de fecundar a la reina, por lo que su actividad es la menos "social" de todas. Los cuerpos fungiformes caracterizan por tanto el cerebro de los insectos sociales.

Circunstancias muy similares se dan también entre las hormigas. Las obreras exhiben los cuerpos fungiformes más desarrollados, y éstos se reducen de forma considerable en la reina y aún más todavía en el macho, lo que demuestra que entre el tamaño de aquéllos y las actividades inteligentes y sociales de los insectos existe una relación evidente.

Los mamíferos no son, por tanto, los únicos seres vivos que disponen de un sistema nervioso desarrollado. También otros grupos, como los insectos, lo han ido perfeccionando en el transcurso de la evolución para adaptar su existencia a las condiciones del medio en que se desenvuelven. Las células grises son las que confieren a las abejas su "superioridad" entre los insectos y las que a nosotros nos permiten investigar y comprender los procesos descritos.

La evolución, en cuanto desarrollo de cerebros cada vez más potentes y, en consecuencia, más inteligentes, se halla aquí en plena actividad, mientras que otras especies se estancó hace millones de años en un nivel inferior, quizá porque un sistema nervioso más desarrollado no les reportaría ninguna ventaja biológica, de acuerdo con el entorno en que viven y su forma de vida.

Es muy posible que más de un lector se pregunte si no es demasiado arriesgado hablar de inteligencia en este contexto. Si la inteligencia guarda alguna relación con la capacidad para aprender, incluso con rapidez, o con la capacidad para recordar, es decir, con la memoria, entonces hemos de reconocer que las abejas tienen "inteligencia", tal como han demostrado en diversos experimentos.

6. Se conocen personalmente

Sorprendentemente, el hombre apenas conoce a los animales cuya cría y selección lleva practicando desde tiempo inmemorial y a los que, por ello mismo, podría observar de manera casi permanente. En verdad cuesta trabajo creer que hasta el presente siglo no se haya empezado a estudiar sistemáticamente la conducta de los animales domésticos.

En 1913, el zoólogo danés Thorleif Schjelderup-Ebbe observó que una de sus gallinas tiranizaba a las demás arrebatándoles los bocados mejores a base de picotazos. Esta observación despertó su curiosidad y a partir de aquel momento se dedicó a estudiar a estas "conocidísimas" aves.

En seguida comprobó que en el gallinero no existe en absoluto igualdad de derechos, sino una rígida jerarquización: la gallina de rango superior puede expulsar a las restantes del comedero, y para hacerse respetar no duda en hacer uso de su afilado pico, con el que unas veces solamente amaga y otras utiliza de verdad. La que le sigue en categoría ha de apartarse ante ella, pero está autorizada, a su vez, a hacerse respetar por las demás, por supuesto, a base de picotazos. La gallina que ocupa el escalón inferior ha de ceder ante las demás.

La jerarquía se establece en un momento determinado mediante combates en toda regla y, por lo general, se mantiene durante mucho tiempo. Cualquier modificación va precedida necesariamente de una nueva lucha.

Semejante jerarquización no es, sin embargo, exclusiva de las gallinas. Hacia finales de la década de los años veinte, el etólogo Konrad Lorenz* consiguió que una colonia de grajillas se instalara en las proximidades de su casa de Altenberg. Observó entonces que los machos se disputaban a picotazos la posición dentro del grupo, mientras que las hembras aceptaban sumisas el resultado de tales enfrentamientos y, en consecuencia, su posición dependía enteramente de la de su compañero, lo que, por otra parte, no tiene nada de extraño, ya que entre las grajillas se establecen sólidas y duraderas uniones entre macho y hembra. Una vez establecida la jerarquía, los miembros de la colonia la aceptan y la mantienen.

En las sociedades de las abejas, las hormigas e incluso las termitas no existe nada parecido; los integrantes de una colonia pueden ser sustituidos en cualquier momento por otros sin que su vida habitual se vea alterada. Estos animales forman asociaciones anónimas.

El estudio de la jerarquía existente entre gallinas y grajillas nos sitúa ante un nuevo elemento: en efecto, dicha jerarquía presupone que los animales se reconozcan individualmente y "conozcan" todos sus puntos fuertes y débiles. A partir de ahora incluiremos este nuevo aspecto en nuestro estudio de las formas de comunicación utilizadas por los animales.

"KI-KI-RI-KÍ", YA ESTOY AQUÍ

Erich Baeumer**, médico, zoólogo y, quizá, quien mejor conoce cuanto acontece en un gallinero, ha descrito

---

* Konrad Lorenz, nacido en 1903, es profesor de zoología y psicología. Fundó el Instituto Max Planck de Fisiología de la Conducta en Buldern (Münster/Westfalia), trasladándolo más tarde (en 1955) a Seewiesen (Alta Baviera). Es el "padre" de la etología, o estudio de la conducta animal comparada. En 1973 fue galardonado con el premio Nobel.

** Autor del libro *Das dumme Huhn (La gallina tonta)*, Stuttgart 1964, Franckh.

magníficamente un enfrentamiento entre dos gallos. Tras una espectacular pelea, Zar, el "aspirante", logra vencer a Peter, que hasta ese momento era el jefe indiscutible del gallinero. El derrotado esconde la cabeza entre un trozo de cartón y la pared y no hace siquiera ademán de responder a los picotazos que aún le propina el vencedor, Zar se aleja con la cabeza erguida. Un cuarto de hora más tarde, Peter sigue en su rincón. ¿Qué consecuencias podemos extraer de todo ello? ¿Tendrá este comportamiento algún significado biológico? En primer lugar, el acto de esconder la cabeza en el pequeño hueco existente entre el cartón y la pared equivale a proteger la parte más vulnerable del cuerpo contra los ataques del vencedor, pero ello no explica por qué este último pierde de repente todo su interés y se aleja de su adversario.

¿Podría interpretarse en el sentido de que el gallo derrotado "pierde la cara" al esconder la cabeza? Cuando el vencedor no pudo ver "la cara" de su rival fue como si éste hubiera dejado de existir para él, lo que significaría que los gallos se reconocen fundamentalmente por el rostro.

Para comprobarlo, Erich Baeumer pintó la cabeza a varios gallos con un color diferente al suyo. Durante algún tiempo, los restantes miembros del gallinero no respetaron la posición que hasta entonces habían ocupado, es decir, no los reconocieron debido a la pintura. Mediante otros experimentos y observaciones se ha comprobado que las gallinas se reconocen efectivamente por los rasgos del rostro.

Erich Baeumer describe también otra peculiaridad. En cierta ocasión compró una gallina de dos años y la colocó en un recinto reservado especialmente para ella. A continuación hizo entrar en él a las restantes gallinas una por una y al instante se entabló una pelea para establecer las posiciones. La recién llegada venció a diez rivales y fue derrotada en dos ocasiones. En ambos casos mostró una conducta peculiar; en primer lugar, escondió la cara y luego plegó las alas, como si quisiera hacerse más pequeña a los ojos de la vencedora, aleteó débilmente dos o tres veces, titubeó, repitió el aleteo y, por último, se retiró "resignada" a su rincón, donde procedió a limpiarse las alas hasta que, en un momento dado, inclinó la cabeza ante la vencedora y adoptó la postura típica del apareamiento. ¿Cómo cabe interpretar este comportamiento? El acto de esconder la cabeza inhibe claramente la agresividad del adversario.

Por otra parte, las gallinas suelen aletear en presencia de un "superior", lo que los investigadores interpretan como una huida simbólica, como un gesto de sometimiento con el que vienen a decir: «Yo soy de rango inferior y, por tanto, estoy dispuesta a apartarme de tu camino.» El aseo, en cambio, es insólito en estas circunstancias, pues, por lo general, las gallinas se dedican a él cuando están tranquilas o descansando; sin embargo, en esta ocasión la derrotada procedió a limpiarse al terminar la pelea en presencia incluso de la vencedora. Los investigadores interpretan esta actitud como una manifestación del desconcierto del animal: la gallina vencida no sabe muy bien lo que ha de hacer a continuación y responde al deseo de actuar desarrollando una actividad más o menos conveniente, como es el aseo personal*.

Por último, el acto de inclinar la cabeza puede interpretarse del modo siguiente: la gallina derrotada confunde a la vencedora con un gallo debido a su mayor fortaleza y como muestra de su sumisión le indica que está dispuesta a dejarse cubrir.

Tal como se desprende de las observaciones de Erich Baeumer, los gallos y las gallinas se entienden mediante movimientos, gestos y actitudes determinados, por lo que su lenguaje puede definirse perfectamente como "corpo-

* Este comportamiento se denomina "conducta sustitutiva" y suele utilizarse para reducir el exceso de excitación.

Eva -> 4163189

Cristina del Barrio:
8032485

ral". Baeumer ha observado, como mínimo, seis mensajes que las gallinas transmiten valiéndose del lenguaje corporal. ¿Qué significado tienen entonces las conocidas señales acústicas?

Los polluelos pían constantemente, pues de otro modo su madre no les hace el menor caso. Si se encierra a un pollo debajo de una campana de cristal aislada contra el ruido de forma que la gallina pueda verlo, pero no oírlo, ésta le ignora por completo, lo que demuestra que los polluelos mantienen el contacto con su madre piando. Cuando sienten frío, pían con mayor frecuencia y en un tono más alto para que la gallina les cobije bajo sus alas. Cuando se extravían emiten un sonido mucho más penetrante, como si "lloraran", para llamar la atención de su madre.

Cuando están excitadas, se sienten amenazadas o han puesto un huevo, las gallinas cacarean; en otras ocasiones, en cambio, el cacareo sirve para congregar a los individuos dispersos. Cuando divisan algo que se mueve por el suelo, por ejemplo, un perro, un gato o una persona, el gallo o las gallinas cluecas (no tanto las otras) emiten sonidos breves y agudos con los que alertan al resto del gallinero.

Sobradamente conocido es también el "cloclo" con que los gallos acostumbran llamar a las hembras y las gallinas cluecas a los polluelos para alimentarlos y que se diferencia claramente del sonido que emiten cuando "salen de paseo".

La llamada para comer la provoca el descubrimiento de una fuente de alimento, aunque de vez en cuando el gallo "miente" e imita este sonido para llamar a las gallinas.

Asimismo el gallo o las cluecas, y muy raramente las demás gallinas, emiten una voz de alarma, que suena como un "kiu" breve y apresurado, cuando perciben algún peligro en el aire. Al oírlo, los pollos corren a refugiarse en el rincón más cercano o debajo de las alas de su madre, de donde no se mueven hasta que ha pasado el peligro.

Cada varios segundos, la clueca emite un "orr" apagado con el que indica a los polluelos que permanezcan en su sitio sin moverse. Una vez restablecida la calma, cloquea normalmente, poniendo así fin a la alarma.

Si el peligro no es excesivo, los gallos emiten un "reeh" o "raah", igual que para expresar susto o sorpresa.

Cuando varias gallinas coinciden en un mismo lugar, producen unos sonidos característicos con los que indican a las de rango inferior que se aparten de su camino. Si éstas no obedecen, reciben sus correspondientes picotazos. Las gallinas emiten con frecuencia un autoritario "aac", "agac", "equec". Significa: "¡Sitio!". Estos cacareos hacen apartarse a las más débiles. Si no se hace caso a la advertencia, la gallina dominante picotea a las demás.

El canto del gallo significa más o menos esto: "¡Aquí estoy!" y además de servir como grito de guerra y de cortejo se utiliza también para delimitar el territorio.

Hasta ahora se han identificado más de treinta sonidos diferentes. Los ejemplos citados más arriba son tan sólo una muestra de la amplia gama de posibilidades de que disponen las gallinas para comunicarse mediante una especie de lenguaje sonoro a fin de ocupar el sitio que le corresponde a cada una en su sociedad jerarquizada.

Así pues, la posición de cada individuo en el gallinero se determina mediante combates "cuerpo a cuerpo", pero ello presupone que los individuos son capaces de comunicarse entre sí mediante un lenguaje sonoro y corporal.

Y LLEGAMOS A LOS LOBOS

Desde tiempos inmemoriales, el perro ha sido, y sigue siendo, el compañero del hombre por antonomasia, pero a pesar de este estrecho contacto es todavía un auténtico desconocido en muchos aspectos. ¿Por qué domesticó el hombre precisamente al perro? ¿Acaso por sus dotes de guardián, de vigilante, de cazador y de sabueso? ¿Acaso sus antepasados más remotos, los lobos, aceptaron de buen grado la domesticación? ¿Presentan sus pautas de conducta alguna similitud con las del hombre? ¿O todo estriba en sus sencillos hábitos higiénicos y en su enorme adaptabilidad?

El mejor método para hallar una respuesta a estas preguntas quizá sea analizar cómo se comunican los perros entre sí y con el hombre.

Descubrir qué facultades poseía originariamente el perro y cuáles han sido seleccionadas por el hombre probablemente nos plantee algunas dificultades, por lo que a menudo nos veremos obligados a dirigir nuestra atención sobre el antecesor salvaje de nuestros perros, el lobo.

Examinemos, en primer lugar, una costumbre típicamente canina: la de orinar con frecuencia en los lugares más inverosímiles.

¿Por qué lo hacen? ¿Qué lugares prefieren? ¿Existen diferencias entre las razas?

Dos zoólogas suizas, Ruth Graf y Monika Meyer-Holzapfel, han estudiado estas cuestiones en el marco de una investigación científica más amplia. En primer lugar llevaron a tres machos y a dos hembras, alternativamente, a dar un paseo de 3 kilómetros alrededor del embalse de Spiez (los animales no habían estado anteriormente en este lugar) y, a continuación, anotaron exactamente los lugares donde los perros dejaron sus "marcas" y observaron cómo reaccionaban ante las marcas dejadas por los congéneres que les habían precedido.

Los perros ignoraron aproximadamente la mitad de los rastros de orina. Los machos hicieron caso omiso tanto de las marcas que ellos mismos habían dejado con anterioridad como de las de las hembras que no estaban en celo. Sí mostraron, en cambio, cierto interés por las de los otros machos, siendo el mismo mucho mayor en el caso de las hembras en celo.

Por su parte, las hembras mostraron un interés moderado tanto hacia sus propias marcas como hacia las de los restantes congéneres, sin que fuera posible apreciar ninguna diferencia notable. Los machos exhibieron otras pautas de comportamiento, como olfatear, orinar encima del lugar donde previamente lo había hecho otro perro, escarbar con las patas, lamer las marcas de orina y chasquear los dientes, con más claridad y empeño que las hembras. ¿Qué conclusiones pueden sacarse de ello?

Evidentemente, las marcas de orina desempeñan un papel secundario como forma de delimitar el territorio y como tarjeta de visita. Lo que realmente interesa a los machos es si han sido dejadas por una hembra en celo. Las restantes reacciones ponen de manifiesto el grado de excitación del perro, desencadenada por las marcas. El sentido del olfato es tan importante para el perro que el olor de un rival o de una hembra en celo provoca prácticamente las mismas reacciones que la presencia real del animal. Algo parecido ocurre con el hombre, en el que predomina el sentido de la vista: un aficionado al fútbol "vive" la retransmisión de un partido por televisión con la misma pasión y entusiasmo que si estuviera en el campo, a pesar de que las imágenes que está viendo las provocan simples haces de electrones.

¿Qué significado tienen las marcas de orina para los lobos? En la época del apareamiento, los lobos depositan con frecuencia marcas de este tipo, pero solamente el macho líder orina sobre la marca dejada por la hembra dominante. Los lobos delimitan asimismo con orina su territorio y los caminos que habitualmente utilizan en sus recorridos, renovando las marcas, cuyos efectos duran cerca de un mes, con cierta periodicidad. Entre otras funciones, estas marcas mantienen unida a la manada, facilitan la

Fig. 6-1. La posición jerárquica en la manada se expresa también mediante ▶ la postura del cuerpo. Los lobos dominantes, tanto machos como hembras (arriba), llevan la cola levantada. Cuanto más inferior es el rango, más plegada está la misma.

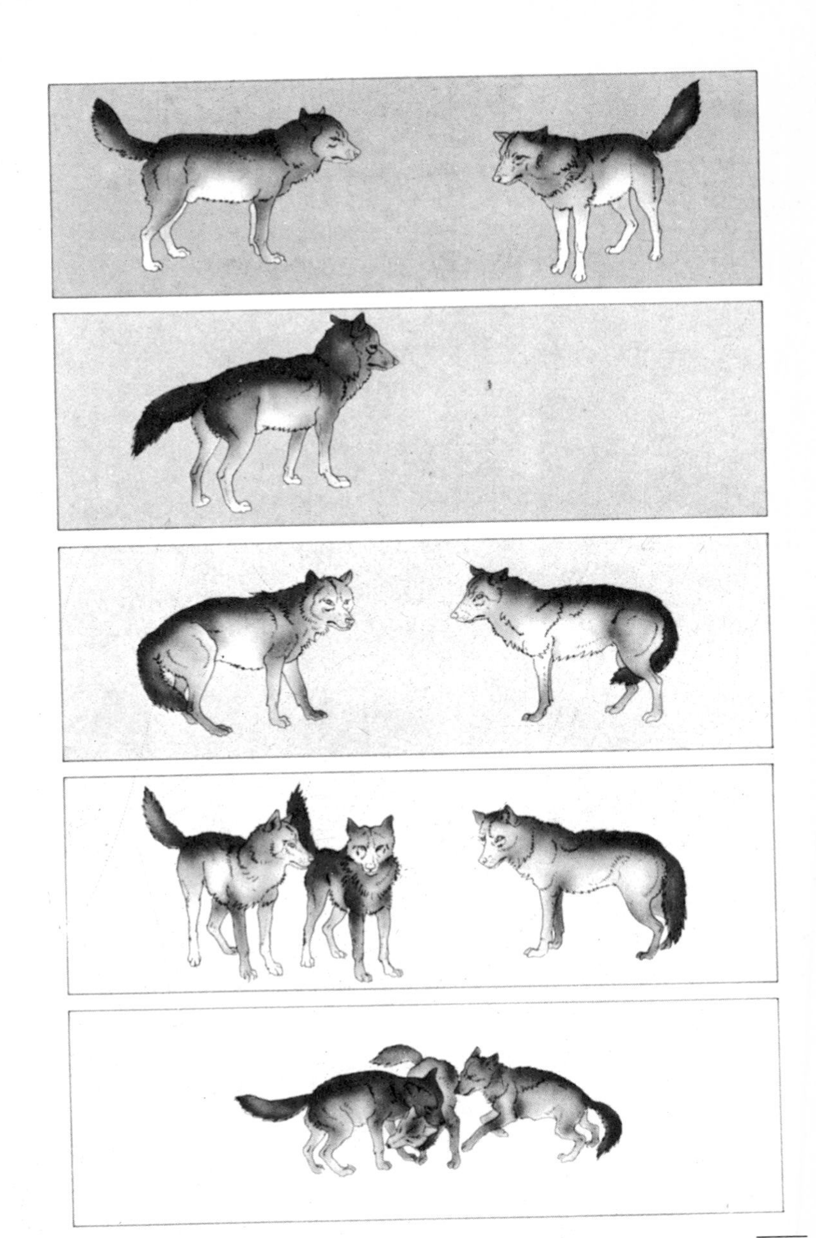

orientación dentro del territorio y alertan a posibles intrusos.

Así pues, tanto los perros como los lobos utilizan las marcas de orina con propósitos diferentes, que van desde una simple llamada de atención hasta la excitación sexual, pero tanto los unos como los otros disponen de otros medios para comunicarse.

Cuando un perro se siente solo y abandonado, aúlla, contagiando a otros congéneres, quienes en seguida inician un concierto de aullidos en toda regla.

Cuando Erik Zimen, quien durante muchos años ha observado y estudiado a los lobos, quería reunir a los que habitaban en el parque nacional de la selva bávara, se colocaba en un lugar estratégico y comenzaba a aullar (lámina 1-1).

Los lobos recurren fundamentalmente al aullido para llamar a los componentes de la manada que se han dispersado. Los conciertos de este tipo duran de medio minuto a dos minutos y tienen un evidente carácter ritual que refuerza la cohesión del grupo.

El lobo no sabe ladrar; tan sólo cuando adopta una actitud amenazante emite un sonido parecido pero más apagado. El perro, en cambio, se sirve de los ladridos para expresar diferentes estados de ánimo, pero nunca para manifestar alegría o indicar un estado de vigilancia.

Con todo, tanto los perros como los lobos se comunican fundamentalmente mediante lo que hemos dado en llamar “lenguaje corporal”. Ya en 1872 Darwin hizo un dibujo de las posturas y los gestos con que un perro expresa el desafío y la sumisión. Mediante la mímica del rostro, lobos y perros pueden mostrar todas las gradaciones posibles entre la acometividad y la ansiedad (figs. 6-2, 6-3 y 6-4 y láminas 6-8, 6-9 y 6-10).

◀ **Fig. 6-2.** Expresiones de la cara del lobo. De derecha a izquierda, agresividad creciente y de abajo arriba, aumento progresivo de la ansiedad.

Fig. 6-3. El lobo desafiado adopta una actitud de juego para desviar la atención de sus agresores.

La cola es otro medio de comunicación que utilizan con mucha frecuencia para expresar su estado de ánimo o sus intenciones y lo mismo cabe decir de ciertas posturas y actitudes. Por ejemplo, cuando en el transcurso de

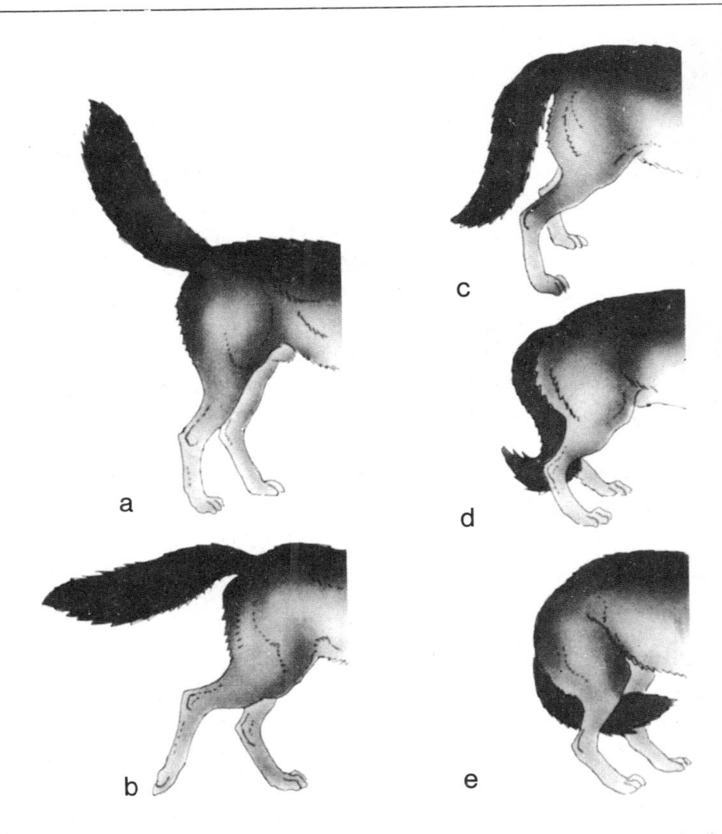

Fig. 6-4. Expresiones de la cola: a) dominancia, b) ataque, c) normal, d) sumisión, e) ansiedad.

un combate, el lobo vencido se tumba sobre uno de sus flancos o el dorso y ofrece la garganta a su contrincante, significa que se ha rendido ante la superioridad de su rival. Esta rendición a todas luces incondicional inhibe al instante la agresividad y, con ella, la dentellada mortal del vencedor.

CON LAS CEBRAS DEL CRÁTER DEL NGORONGORO

El zoólogo alemán Hans Klingel* vivió durante dos años entre las cebras que habitan en el cráter del Ngorongoro, en África oriental. En este territorio de 250 kilómetros cuadrados conviven con otros muchos animales unas 5.500 cebras. Aunque esta elevada cifra nos hace pensar en una manada gigantesca, ya desde el avión se aprecia que no forman una horda homogénea, sino grupos aislados que llevan una existencia totalmente independiente. Tan sólo cuando se sienten amenazadas se reúnen en manadas de varios centenares de individuos. Para identificarlas mejor se decidió marcar a algunos ejemplares y fotografiarlos en su hábitat natural. Como la capa de cada individuo varía ligeramente, las fotografías facilitaron en gran medida las tareas de identificación.

Así se descubrió que las cebras no forman un rebaño anárquico, sino que están divididas en numerosas y pequeñas unidades sociales, en las que se diferencian claramente dos grupos. El primero está compuesto por las familias propiamente dichas, formadas, a su vez, por un garañón, de una a seis yeguas y sus crías, hasta un total de 16 animales. La otra agrupación está formada exclusivamente por garañones hasta un total de 15 animales entre machos adultos y jóvenes. Junto a ellos hay también algunos machos que llevan una existencia solitaria.

Estas agrupaciones son muy estables y los miembros adultos no suelen abandonarlas. Los animales que por una u otra razón se separan de un grupo vuelven a él más tarde o más temprano, lo que significa que los diversos miembros se conocen entre sí.

---

* Hans Klingel, nacido en 1932, es director del Instituto de Zoología de la Universidad de Brunswick.

Klingel observó lo siguiente: en cierta ocasión, una hembra que tenía una capa muy característica desapareció, junto con sus crías, de un grupo de animales marcados. Debido a su llamativo diseño fue descubierta casualmente en otro grupo a unos 3 kilómetros de distancia, pero, ante la sorpresa del etólogo, tres días más tarde regresó junto a su antigua familia acompañada de sus potrillos.

El macho no necesita recurrir a la violencia para mantener la cohesión del clan familiar, sino que sus miembros permanecen juntos aunque él se ausente durante algún tiempo, lo que hace varias veces al día, pues entre las obligaciones de un garañón figura la de "saludar" a todos los machos que pastan por los alrededores. Si durante su ausencia otro macho osa acercarse a su familia, es rechazado por las hembras. Tan pronto como regresa el auténtico jefe de la manada, el intruso se aleja corriendo.

Asimismo pudo comprobarse que la cohesión de una agrupación familiar se mantiene aunque se produzca una separación temporal y que los componentes de la misma intentan siempre regresar junto a los suyos. En cierto momento se anestesió a un garañón con una pistola especial para poderlo marcar con mayor comodidad. Cuando despertó de la anestesia, su familia se había trasladado de lugar y no pudo encontrarla. Durante los días siguientes vagó solo por la pradera hasta que, por fin, al cuarto día se reunió nuevamente con ella.

No cabe, por tanto, ninguna duda de que las cebras se reconocen personalmente, lo que, a su vez, nos obliga a preguntarnos en qué se basan para ello. Una vez más, la solución viene de la mano de las observaciones científicas. Las familias se dispersan ocasionalmente por varios motivos: por ejemplo, algún individuo queda rezagado mientras pastan, o un potrillo se queda dormido y no se percata de que su familia se aleja, o un depredador siembra el pánico entre el rebaño y las cebras huyen cada cual por su lado. Cuando la separación entre los miembros de una familia es inferior a 100 metros, los animales se reúnen tan pronto como pueden sin el menor titubeo y al margen de la dirección del viento, lo que parece confirmar que en este caso se reconocen por el "diseño exclusivo" de sus capas.

Si se han alejado más de 100 metros o si el grupo se ha dispersado durante la noche o cuando hay poca visibilidad, los distintos individuos emiten una llamada característica hasta que se reúnen de nuevo. La llamada de las cebras se parece más a un ladrido que a un relincho y sus diferentes matices son perfectamente identificables por el oído humano. Presumiblemente, las cebras esteparias se reconocen también por la voz. En las noches oscuras no cesan prácticamente de "ladrar", evitando así que el grupo pueda dispersarse.

Klingel tuvo igualmente ocasión de observar a algunos potrillos "abandonados" que llamaban desesperadamente a sus padres, sin obtener respuesta. Éstos se encontraban en las proximidades y como veían claramente al pequeño no consideraban necesario responder a su llamada. El potrillo iba de un grupo a otro y acercaba su nariz a la de uno o dos individuos. Cuando por fin distinguía a su madre, a la que evidentemente reconocía por el dibujo de las rayas, corría hacia ella y prescindía del contacto olfativo. Basándonos en las observaciones descritas podríamos decir por tanto que, aunque las cebras son capaces de identificar el olor individual, el reconocimiento óptico del diseño de las rayas desempeña un papel mucho más importante.

Los potros recién nacidos se comportan de manera diferente, pues van detrás de cualquier cosa que se mueva, tanto si se trata de una cebra como de un hombre, un antílope o un vehículo todoterreno, lo que ha provocado más de una grotesca situación. En cierta ocasión, un potrillo comenzó a galopar detrás de un vehículo y sus ocupantes no vieron más solución para deshacerse de él que pegarse durante un rato a la grupa de la madre. Cuando el conductor lo consideró oportuno, aceleró y se apartó rápidamente de la manada; el potrillo siguió tranquilamente a su madre y se olvidó por completo del automóvil. Esta anécdota viene a confirmar que los potrillos no reconocen a su madre durante los primeros días de vida, sino que la identifican con cualquier cosa que se mueva. Tan sólo al cabo de una semana su imagen se les graba de forma indeleble.

Cuando una hembra pare un potrillo, expulsa de su alrededor a sus congéneres y durante unos días se mantiene completamente a solas con el recién nacido para que éste aprenda a conocerla y a identificarla como su madre. Cuando el potro la distingue perfectamente, reanudan la vida social.

Las observaciones hechas por Klingel acerca de las agrupaciones familiares de las cebras y sus pautas de comportamiento coinciden en muchos aspectos con las de los caballos domésticos*, quienes además de conocerse también personalmente utilizan formas de comunicación muy parecidas.

En los animales inferiores, los esquemas de comunicación son sencillos, claros y relativamente rígidos, mientras que el perro, el lobo y la cebra exhiben ya comportamientos y formas de comunicación mucho más individualizados, variados y complejos, al menos desde nuestro punto de vista. Las señales no son ya tan "rotundas" e inequívocas, sino que el animal "adivina" el mensaje que quiere transmitirle su interlocutor interpretando sus sonidos, gestos y movimientos. La comunicación adquiere así una gradación individual, mayores posibilidades de variación y mayor libertad. ¿Cómo se comunican los animales que por la constitución de su cerebro se hallan más próximos al hombre? ¿Cómo se comunican los monos antropoides y los delfines?

---

* Naturalmente, esto sólo puede observarse en los caballos que viven en libertad, como los mustangs y los de la Camargue francesa.

SARA: "PELOTA NO SER CHOCOLATE"

El investigador saca a un chimpancé de una jaula en la que conviven ocho chimpancés jóvenes y le lleva a dar un paseo por el amplio jardín mientras le va mostrando 18 escondites en los que previamente ha colocado un juguete nuevo, objetos ya conocidos por los animales, frutas, verduras y golosinas grandes y pequeñas, pero también otras cosas menos atractivas, como serpientes. Después de inspeccionar los escondites en compañía del animal, regresa junto a la jaula y hace salir a los restantes inquilinos. A continuación observa cómo el chimpancé, al que aquí llamaremos "guía", conduce a sus compañeros hasta los escondites.

El guía demuestra tener una memoria extraordinaria, ya que recuerda el emplazamiento de los escondites mejor que el propio investigador. En primer lugar, se dirige a aquellos que contienen objetos que atraen particularmente a los chimpancés, como un juguete nuevo, y cuando pasa junto a los que albergan serpientes, que el investigador ha retirado entretanto, previene a sus compañeros. Uno de ellos coge un palo y golpea la presunta madriguera de su peligroso enemigo.

Un aspecto igualmente interesante de este experimento es observar los recursos que el guía utiliza para dirigir a sus compañeros.

Casi siempre, el guía encabeza la expedición, pero si algún animal le adelanta, vuelve constantemente la cabeza como para cerciorarse de que está siguiendo el camino correcto. Cuando no es así, el guía hace un gesto característico y mira en la dirección correcta. Cuando, en lugar de seguirle, los chimpancés se ponen a jugar y, por tanto, quedan rezagados, el guía hace una seña con la mano, vuelve sobre sus pasos, golpea suavemente en el hombro al compañero rezagado, le indica con gestos que le siga o, simplemente, le arrastra de una pata. Si a pesar de todo no le hacen caso, se tumba en el suelo y empieza a dar volteretas mientras grita y se tira de los pelos. Algunos compañeros se acercan entonces a él e intentan calmarle.

Durante el paseo inicial, el investigador no mostró a su acompañante todos y cada uno de los escondites, sino que en algunos casos se limitó a señalar su emplazamiento con gestos, miradas y movimientos de la cabeza. El guía comprendió perfectamente el significado de los mismos y los recordó durante media hora.

Tal como pone de manifiesto este experimento, los chimpancés recurren a las miradas, los gestos y los sonidos para comunicarse y, según todos los indicios, son perfectamente capaces de transmitirse las informaciones que les interesan. Evidentemente, esta forma de comunicación no constituye un lenguaje propiamente dicho y por ello los científicos prefieren llamarla "comunicación extralingüística".

No han faltado tampoco intentos de enseñar a hablar a un chimpancé. El matrimonio norteamericano Hayes "adoptó" a un ejemplar de pocos días de edad, al que criaron como a un niño. "Vicki" mostró en seguida un comportamiento inteligente, pero, en cambio, no consiguió aprender a hablar. Al cabo de largos años de paciente enseñanza sólo logró articular cuatro palabras: "papá", "mamá", "taza" y "arriba". Junto a éstas llegó a comprender unas cincuenta palabras, que nunca llegó a pronunciar.

Los científicos achacaron esta imposibilidad al deficiente desarrollo de las áreas de asociación del lenguaje en el cerebro. Basándose en la capacidad de imitación de estos animales, otra pareja de psicólogos intentó enseñar a otra joven chimpancé hembra el lenguaje mímico de los sordomudos.

Al cabo de tres años, "Washoe", pues así se llamaba este chimpancé, conocía y dominaba 85 signos y además era capaz de combinar varios por propia iniciativa. Por ejemplo, para decir: "¡Ven y ábreme!", utilizaba los signos

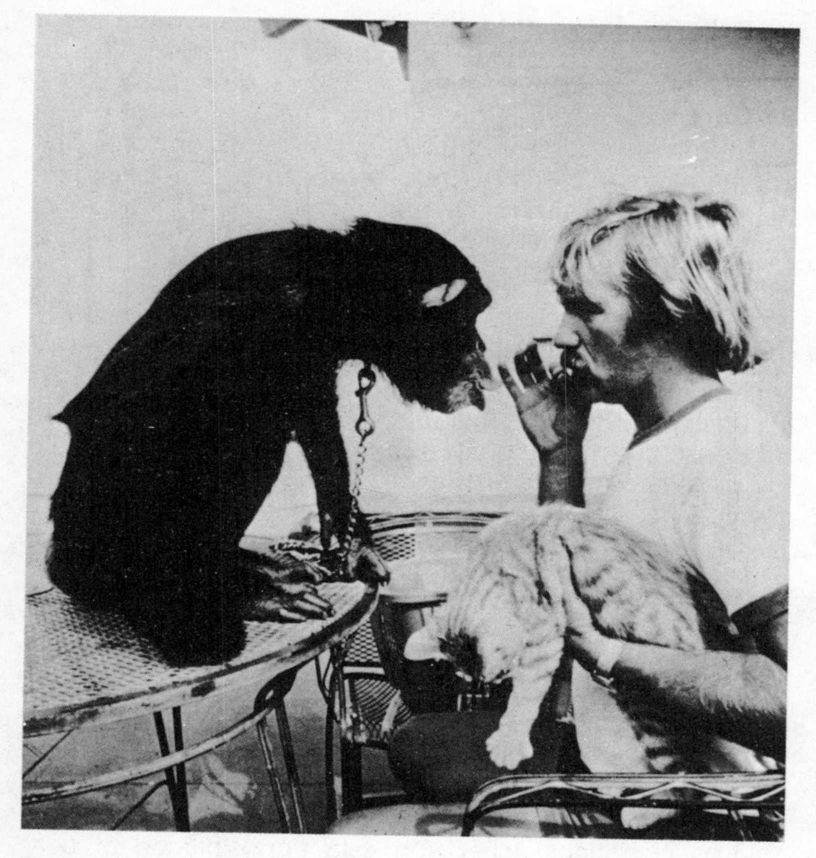

Fig. 6-5. El psicólogo Roger Fouts, del Instituto para el Estudio de los Primates en Norman, Oklahoma (EE.UU.), muestra un gato a la chimpancé "Lucy" a la vez que le enseña el lenguaje mímico de los sordomudos.

correspondientes a "venir" y "abierto". Para indicar la "puerta del jardín" solía elegir "abierto" y "flores" y para señalar la campana que anunciaba la comida, "oír" y "comer". Cuando Washoe quería que alguien le abriera la puerta del frigorífico, se lo indicaba con "llave", "abierto" y "alimento".

Utilizando este sistema, Washoe mantenía auténticas conversaciones con sus cuidadores que, más o menos, se desarrollaban como sigue:

Washoe: «Por favor.»
Cuidador: «¿Qué quieres?»
Washoe: «Salir.»
Washoe: «Salir, salir.»
Cuidador: «¿Quién quiere salir?»
Washoe: «Tú.»
Cuidador: «¿Quién más?»
Washoe: «Yo.»

Por primera vez, un hombre y un animal lograron mantener una conversación con ayuda de una especie de lenguaje compuesto por palabras aisladas y conceptos.

El profesor Premack siguió otro camino. "Sara", su chimpancé de seis años, aprendió a "hablar" utilizando palabras escritas en pequeñas láminas de plástico que se pegaban en una pizarra magnética, lo que permitía componer frases enteras.

Un día, Mary, su cuidadora, escribió en la pizarra: Si/Sara/coger/plátano/entonces/Mary/dar/chocolate. Tal como era de esperar, Sara tomó un plátano y se lo dio a Mary para cambiarlo por chocolate, pero en lugar de éste, recibió una pelota. Visiblemente enfadada, Sara se dirigió a la pizarra y protestó: Pelota/no/ser/chocolate.

En un proyecto más reciente todavía en marcha, los investigadores están tratando de comunicarse con la chimpancé "Lana" utilizando el "yerkisch"*, un idioma nuevo inventado por los lingüistas que está compuesto por signos gráficos dibujados en un teclado conectado a un com-

* Yerkisch, según R. M. Yerkes (v. pág. 80).

putador, que en este sentido actúa de "interlocutor". Según sus promotores, este método reúne importantes ventajas: por un lado, la posibilidad de que el hombre influya en el animal se reduce considerablemente, lo que redunda en una mayor objetividad científica: por otro, puede prescindirse del profesor, pues esta tarea la asume el computador y por último, el chimpancé puede utilizar el computador siempre que lo desee, sin agotar su paciencia.

De acuerdo con las primeras experiencias no parece que, de momento, se hayan cumplido las esperanzas de los científicos, si bien es cierto que también un fracaso puede ser un resultado científico. En este caso, los investigadores pasaron por alto algo muy importante: que Lana es un ser de carácter sociable para el que un computador jamás puede constituir un interlocutor válido.

De los experimentos realizados con Washoe, Sara y Lana cabe deducir, pues, que los antropoides poseen una inteligencia bastante desarrollada que les permite aprender formas de comunicación muy próximas al lenguaje humano, aunque en su hábitat natural se sirven fundamentalmente de la mímica y los sonidos para comunicarse, sin que, al parecer, necesiten recurrir a otros medios.

BALAN, GRUÑEN, CHILLAN, TRINAN, SILBAN, LADRAN Y GIMEN

A los seres humanos nos gusta considerarnos la "cumbre de la creación" y cuando alguien nos pregunta por qué hemos llegado a semejante conclusión solemos aducir que, de todos los seres vivos, es el hombre el que tiene el cerebro mayor y más desarrollado, lo que, de entrada, constituye un craso error. Muchos animales nos superan con creces; el cerebro del cachalote, por ejemplo, pesa 12 kilos.

Contra esto puede argüirse que lo importante no es el peso absoluto del cerebro, sino su relación respecto a la

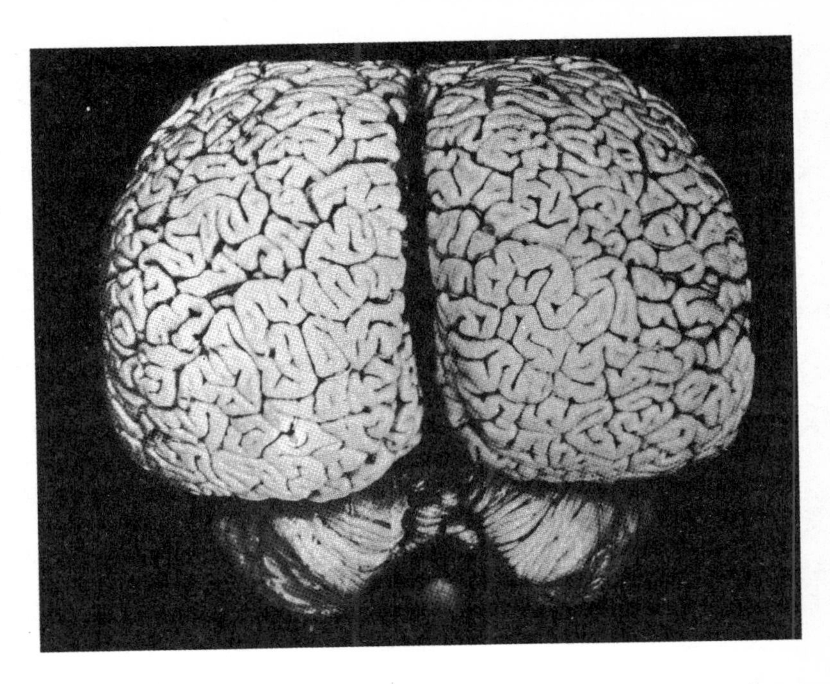

Fig. 6-6. El número de circunvoluciones cerebrales de un delfín mular es considerablemente mayor que el del cerebro humano. (Fotografía: Profesor doctor G. Pilleri, Instituto Anatómico del Cerebro, Berna.)

masa global del cuerpo, pero también en este caso nos superan las ballenas y la mayoría de los delfines. Y si como medida del desarrollo psíquico utilizamos el número de circunvoluciones y la superficie y complejidad de la corteza cerebral, donde residen las cualidades psíquicas más elevadas, tampoco podemos competir con determinadas especies de delfines y ballenas blancas.

Cuando, aparte de lo dicho anteriormente, observamos que la configuración microscópica del cerebro de un delfín es muy similar a la del hombre, no podemos por menos que preguntarnos, como ha hecho más de un cien-

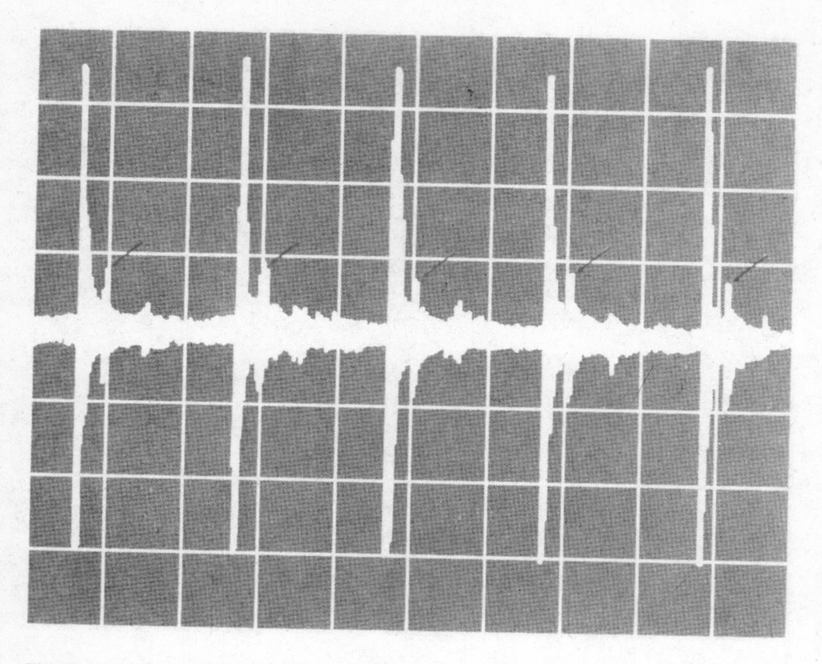

Fig. 6-7. Con ayuda del oscilógrafo pueden registrarse los sonidos emitidos por los delfines. Las flechas señalan los ecos correspondientes.

tífico, si es lícito llamar animal a un ser dotado de un cerebro tan evolucionado.

Por otra parte, tanto las ballenas como los delfines han demostrado repetidamente con su comportamiento que poseen una gran inteligencia. ¿De qué medios se sirven estos animales para comunicarse?

Se sabe desde hace tiempo que las ballenas y los delfines emiten unos sonidos característicos, muchos de los cuales son inaudibles para el hombre por encontrarse a un nivel subsónico. Mediante aparatos especiales se ha conseguido, sin embargo, registrarlos y hacerlos audibles. De esta manera se ha podido comprobar que los delfines emiten un gran número de sonidos diferentes que unas veces parecen chillidos y otras trinos, ladridos, gruñidos, silbidos, etc.

En primer lugar, tenemos los de tipo "clic" que, a pesar de emitirse en series muy rápidas, se distinguen con bastante facilidad. En ocasiones, las series se suceden como si se tratara de salvas y alguna que otra vez recuerdan el ruido que hace una bisagra oxidada.

A continuación vienen los "silbidos", que se emiten de uno en uno o en serie, y por último, los "pitidos" agudos, producidos siempre en series y que a menudo se alternan con silbidos.

¿Qué papel desempeñan todos estos sonidos en la vida de los delfines? Para descubrirlo, se tapó los ojos a un delfín con un antifaz de goma especialmente diseñado para él y se observó mientras nadaba por el estanque. Para sorpresa de los investigadores, el animal no tuvo el menor problema y sorteó perfectamente todos los obstáculos que encontró a su paso, localizando incluso los pequeños objetos que había en el agua. Este experimento recuerda al que Spallanzani llevó a cabo con sus murciélagos, por medio del cual descubrió que dichos animales disponen de una especie de "sonar" que les ayuda a orientarse en la oscuridad.

Evidentemente, los delfines deben utilizar un sistema similar para orientarse y detectar eventuales obstáculos y presas. De hecho, se ha comprobado que cuando quieren localizar algún objeto en el agua, emiten una sucesión de "clics" muy rápidos, lo mismo que cuando no existe visibilidad o el agua está turbia. Cuando estos sonidos chocan contra algún obstáculo, son reflejados, y sus ecos percibidos por el agudísimo oído del animal, de ahí que se diga que estos mamíferos acuáticos están dotados también de un sonar.

Ya sabemos que los delfines utilizan los sonidos tipo "clic" para orientarse. ¿Cuál es entonces la misión de los silbidos y pitidos?

El neurofisiólogo John Lilly* presenció en cierta ocasión el traslado de un delfín recién capturado al centro de investigación de Santo Tomás, en cuyo estanque vivían plácidamente otros congéneres. El delfín había perdido el sentido del equilibrio durante el transporte y tan pronto como fue arrojado al agua, se fue al fondo y no era capaz de ascender a la superficie.

Los delfines son mamíferos y como tales necesitan salir regularmente a la superficie para tomar aire. Lilly vio entonces cómo los restantes delfines se acercaban a su compañero y colocándose debajo de su cuerpo, lo empujaban hasta la superficie para que pudiera respirar. La maniobra fue tan perfecta que daba la impresión de que los animales se habían puesto previamente de acuerdo o, al menos, que se comunicaban unos con otros. Lilly introdujo entonces un micrófono submarino en el estanque y comprobó que los animales emitían realmente sonidos de distinto tipo.

Por su parte, los investigadores norteamericanos Lang y Smith colocaron en un estanque a la hembra "Doris" y en otro al macho "Dash". Ambos estanques estaban equipados con micrófonos submarinos y altavoces para que los animales pudieran "hablar por teléfono" si así lo deseaban. En repetidas ocasiones entablaron auténticas conversaciones durante las cuales intercambiaron fundamentalmente sonidos sibilantes, registrándose sonidos de diferente intensidad y frecuencia, lo que movió a los investigadores a pensar que los delfines utilizan los "silbidos" para comunicarse entre sí.

Giorgio Pilleri** y sus colaboradores confirmaron mediante experimentos realizados con otros delfines la existencia de los tres tipos de sonidos descritos más arriba, y

---

* John Cunningham Lilly, nacido en 1915, es profesor del Instituto para la Investigación de las Comunicaciones de Santo Tomás, en las Islas Vírgenes (EE.UU.).

** Giorgio Pilleri, profundo conocedor de los delfines, es profesor del Instituto Anatómico del Cerebro de la Universidad de Berna.

llegaron también a la conclusión de que los sibilantes y agudos se utilizan fundamentalmente como medio de comunicación. Los pitidos agudos se emiten únicamente cuando hay cerca un grupo de delfines algo numeroso (de 4 ó 5 individuos, como mínimo), lo que viene a apoyar la teoría de la comunicación.

Los intentos realizados para elaborar una especie de diccionario del lenguaje de los delfines no tuvieron el éxito esperado. Lilly pensó que si el hombre no era capaz de comprender el complicado lenguaje de los delfines, quizá éstos sí podían aprender el lenguaje humano (en este caso, inglés)*.

De la pléyade de experimentos que se han realizado en este sentido citaremos solamente uno a título ilustrativo. Un grupo de investigadores construyó una especie de vivienda que inundaron parcialmente con agua para acondicionarla tanto a las necesidades de los delfines como a las de los seres humanos. Durante dos meses y medio la zoóloga norteamericana Margret Howe vivió aquí con un delfín macho llamado Peter, quien desde el primer momento hizo gala de una gran sociabilidad, siguiendo a su compañera por toda la "casa". Por su parte, Margret Howe se propuso enseñar inglés al delfín, pero a pesar de que éste demostró ser un alumno aplicado, no logró articular nada más que un par de palabras "humanas" y aun así de forma casi ininteligible. Tampoco este experimento dio los resultados esperados.

Las enormes expectativas iniciales suscitadas por las investigaciones de Lilly y sus colaboradores han producido un cierto desencanto en ciertos sectores. Parece como si, a pesar de su enorme inteligencia, los delfines estuvieran abocados a no entenderse con el hombre. Ciertamen-

---

* John C. Lilly: *Ein Delphin lernt Englisch (Un delfín aprende inglés)*. Reinbek, 1971, Rowohlt (rororo 6687).

Fig. 6-8. En las turbias aguas del Indo viven delfines ciegos de agua dulce *(Platanista)* que nadan de costado tocando el fondo con una aleta. El doctor Giorgio Pilleri (autor de esta fotografía) y sus colaboradores están estudiando actualmente los sistemas de comunicación y orientación de estos animales en el Instituto Anatómico del Cerebro de Berna.

---

te, los científicos no cejarán en su empeño y emprenderán nuevas investigaciones que les permitan salvar el abismo que hoy nos separa de estos simpáticos animales. La línea emprendida por Giorgio Pilleri y otros investigadores parece muy prometedora, y es posible que, en un futuro no muy lejano, todos los datos y observaciones aportados por los etólogos permitan llenar los huecos existentes en el amplio mosaico del sistema de comunicación utilizado por los delfines.

NO HAY VIDA SIN COMUNICACIÓN

En las líneas anteriores hemos expresado nuestra esperanza de llegar a conocer mejor el lenguaje de los delfines. ¿Este deseo es auténtico? ¿En verdad espera el hombre hallar en la Tierra a algún ser que utilice un lenguaje similar al suyo? Los numerosos ejemplos citados en este libro ponen de manifiesto que la comunicación no está ligada necesariamente al empleo de un lenguaje determinado en sentido humano o lingüístico, sino que es

Fig. 6-9. La ballena blanca del acuario de Coney Island, en Nueva York, parece llevarse muy bien con su cuidadora. Estos cetáceos son muy sociables, y sus sonidos perfectamente audibles por el hombre.

también posible por otros muchos medios y a otros muchos niveles. Puede ser innata, como en su momento nos demostró el gato Sacha, al que nadie le enseñó a comunicarse con otros congéneres, pero también puede aprenderse, como nuevamente nos enseñó Sacha, que al vivir durante toda su vida entre los hombres tuvo que aprender a reconocer ciertas expresiones utilizadas por éstos. Por ejemplo, aprendió a identificar determinadas palabras como señales u órdenes, así como a deducir del tono de voz lo que se esperaba de él. Incluso llegó a interpretar correctamente el "lenguaje" de Príncipe, el perro, totalmente extraño para él, pero que, sin embargo, le permitió entablar una relación de auténtica amistad con el can. Allí donde hay vida, existe comunicación, pero ésta no sirve solamente como un vínculo de unión entre los animales, sino que es la responsable de la cohesión que existe entre los grupos sociales que éstos constituyen, como los enjambres, las manadas y los rebaños.

La comunicación es asimismo requisito imprescindible para el buen funcionamiento del organismo, que, en sentido estricto, no es sino una agrupación social en la que todos los órganos han de cooperar. Pero, a su vez, los órganos están compuestos por un sinnúmero de "individuos", las células, cuya actuación ordenada presupone la existencia de un sistema de comunicación eficaz. Las sustancias químicas y los impulsos nerviosos son en este caso las señales. Un organismo enfermo suele tener problemas de comunicación y cuando el médico prescribe un medicamento determinado, lo hace pensando en que con él podrá restablecer el equilibrio en el sistema de comunicación de las células; ahora bien, si partimos de la base de que las células de los diferentes seres hablan un "lenguaje" químico diferente, es obvio que su reacción frente a ese medicamento no será la misma en todos los casos. Por este motivo, cuando se está probando un nuevo fármaco, los resultados obtenidos en una especie animal determinada no pueden extenderse sin más a otras especies.

Hemos llegado al final del libro y, con él, al final de nuestras reflexiones. ¿Hemos hallado las respuestas a las preguntas planteadas al principio? Aquellas que la ciencia ha descubierto, las hemos comentado ampliamente con ayuda de los ejemplos que nos parecían más ilustrativos; las demás siguen siendo un misterio. No obstante, hemos hecho un viaje excitante e instructivo, al menos ésa era nuestra intención, en una rama de la ciencia muy joven todavía y confiamos que este primer contacto sirva de estímulo para nuevas reflexiones, observaciones y ensayos.

Al pensar en la diversidad de formas de comunicación que existen en el mundo animal no podemos por menos que sorprendernos de la riqueza y originalidad del lenguaje humano. Todos los elementos que los animales utilizan para comunicarse están contenidos de un modo u otro en el lenguaje humano. Especialmente cuando queremos transmitir nuestros sentimientos y estados de ánimo solemos recurrir a medios de apoyo extralingüísticos, como son la expresión, el tono y la acentuación, sin olvidarnos de los gestos y la mímica: tan importante como lo que decimos es *cómo* lo decimos.

Frente a la versatilidad de la palabra hablada, el lenguaje escrito resulta mucho más rígido y árido, pero, en cambio, su simplicidad lineal lo hace especialmente apropiado para expresar y transmitir conceptos abstractos. La escritura fue la que permitió al hombre desarrollar las ciencias y beneficiarse de sus descubrimientos; el lenguaje humano y, en especial, la palabra escrita o impresa se convirtió así para él en un magnífico recurso para superar los límites naturales de las capacidades de su cerebro. Aparte de ello, los seres humanos utilizamos el lenguaje para hablar con nosotros mismos y alcanzar mayor claridad conceptual. El lenguaje es, por tanto, para el hombre una especie de herramienta psíquica universal que le permite no sólo comunicarse con sus semejantes, sino también ampliar notablemente sus capacidades intelectuales.

No debemos jactarnos demasiado de nuestros cerebros por sí mismos, pues es posible que haya uno o varios animales que, quizá como los delfines, nos superen en este aspecto. Lo que confiere a los seres humanos su superioridad frente al resto de los seres vivos es, en el aspecto físico, la capacidad de utilizar herramientas y, en el psíquico, el uso del lenguaje y de la escritura. Esta superioridad entraña también sus peligros: nuestras facultades intelectuales, sabiamente ampliadas mediante la comunicación escrita y oral, nos permiten desarrollar ideas, acceder a conocimientos y realizar proyectos cuyas repercusiones se nos escapan de las manos. Sobre el hombre recae no sólo la responsabilidad de su propia vida, sino también la del planeta en su conjunto, y esto es algo que no deberíamos olvidar jamás.

PROCEDENCIA DE LAS ILUSTRACIONES

T. Angermayer-zoológico de Hellabrunn: lámina 6-8 *(izquierda)*
T. Angermayer-Reinhard: lámina 6-11
T. Angermayer: lámina 6-12
T. Angermayer-Ziesler: lámina 6-16
H. Autrum/W. Neidhardt: figura 2-6
U. Bässler: figuras 3-1, 3-3, 3-4, 3-6, 3-13, 3-14
Bavaria-Lüthy: lámina 6-2
Bavaria-Rauch: lámina 6-3
Bavaria-Photomedia: lámina 6-13
Bavaria-Brauns: lámina 6-18
Bavaria-Picture-Point: lámina 6-19
Bavaria-Schäfer: figura 6-9
J. Boeckh y Landois-Rosemann: figura 3-2
M. Boppré: láminas 2-5, 2-6, 2-7, 2-8; figuras 2-3, 2-4, 4-6 *(centro izquierda)*
J. B. Free: figura 5-6
K. v. Frisch: figuras 5-1, 5-2
G. Gerisch: figura 2-1
W. Gewalt: lámina 6-17
E. Hadorn/R. Wehner: figura 3-11 *(abajo)*
Hanström: figura 5-13 *(arriba)*
Harder y Kuckuck: figura 4-1 *(izquierda)*
Jonescu: figura 5-12 *(izquierda)*
K. E. Kaissling: figura 4-7
W. Layer: láminas 1-2, 6-5, 6-10
J. Lieder: láminas 2-1, 2-10; figuras 3-12, 5-8, 5-9, 5-10, 5-13 *(abajo)*
M. Lindauer: figura 5-5
M. Lindauer, H. Martin y J. O. Nedel: figura 5-7
H. Linder: figuras 3-5, 3-7, 3-8, 3-10 *(abajo)*
K. E. Linsenmair: tabla 2-1; láminas 2-2, 2-3
Magnum/Laenderpress: figura 6-5

W. Nachtigall: figura 4-5
Naturfoto-Christiansen: lámina 6-4
Naturfoto-Rothausen: láminas 6-8 *(derecha)*, 6-9
Okapia: lámina 1-1
Okapia-Reinhard: lámina 4-5
Oltmans, Kuckuck y Berthold: figura 4-1 *(derecha)*
O. W. Park: figura 5-4
Parque ZEFA: lámina 2-4
H. Pfletschinger: láminas 2-9, 4-1, 4-2, 4-4, 4-7, 5-1, 5-2, 5-3, 5-4, 5-5, 5-6, 5-7, 5-8, 5-9, 5-10, 5-11, 5-12, 5-13, 5-14, 5-15, 5-16, 5-17
G. Pilleri: figuras 6-6, 6-7, 6-8
E. Pott: lámina 6-15
P. Raths/G. A. Biewald: figura 3-10 *(arriba)*
H. Reinhard: láminas 4-6, 6-1
J. D. Robertson: figura 3-9
F. Sauer: láminas 4-3, 6-14
H. Schmid: figuras 1-1, 2-2, 3-11 *(arriba)*, 4-4, 5-11
R. A. Steinbrecht: figura 4-6 *(arriba, centro derecha, abajo)*
H. Tischner: figura 2-5
J.-P. Vité: figura 4-2
H. Weber/Brun: figura 5-12 *(derecha)*
G. L. Woodworth: figura 4-3
E. Zimen: láminas 6-6, 6-7; figuras 6-1, 6-2, 6-3, 6-4